Contents

Introduction

This new edition of *Mot à mot* brings further revisions to reflect recent changes in the AQA AS and A-level examination specifications and contemporary topics. It seeks to provide:

- revised topic areas to match those in the new AQA AS and A-level specifications
- a wealth of up-to-date, useful vocabulary, taken from recent printed and online publications, for each of the topic areas
- an updated opening section including synonyms and a guide to the use of verbs + *à* or *de* or a direct infinitive
- a new *Cinéma et littérature* section
- a new *Recherche et présentation* section
- shaded sections of revision vocabulary at the start of each sub-topic
- subdivisions into smaller groups of words and phrases with related meanings within each sub-topic
- suggested websites that offer additional useful vocabulary on each topic

The method of this book is to list words and phrases in an order that follows the logic of a lesson about, or a discussion of, various aspects of each topic. The topics covered match those in the AQA A-level specification so this book is ideal to use alongside any textbook for the course, particularly in order to prepare for your oral examination. All theme-based vocabulary has been included with the aim of using it in an oral register.

As part of the oral exam, the new specification also requires you to research and present a topic of your choice. The *Recherche et présentation* sections at the end of the book provide general vocabulary on additional topics not covered in the specification that you could choose to talk about for this part of the assessment.

You will also be required to write an essay on a film and/or book that you have studied, and in the new *Cinéma et littérature* section, you will find useful terms and expressions that can be used in an essay of this type.

Alternatively, this book can be used as a study aid to extend the breadth of your vocabulary on each of the topics covered, although it is not a dictionary or an encyclopaedia.

At the end of each topic, you will find some suggested websites offering additional vocabulary should you wish to explore the topic further. You may also find it useful to look at other websites, and the following are good for exploring a topic:

- **www.google.fr**
- **http://fr.yahoo.com**
- **www.gouvernement.fr**

One word of warning: when you search on Google, many of the websites that appear are blogs and tend to be less accurate in terms of spelling and grammar. It is, therefore, advisable to refer to websites of recognised newspapers, magazines or governmental sites, which will be more reliable. The most fruitful sources of relevant articles in the press, and usually available online, can be found in the publications

La Croix, L'Express, Le Figaro, L'Humanité, Libération, Le Monde, Le Nouvel Observateur and *Le Point*. These represent a wide cross-section of political opinion.

This book is not an invitation to learn each word and phrase 'in case it comes up in the exam' but rather to enable you to become familiar with the material you need at your level of study. That said, some learning has to be done! For most people, repetition is essential for memorisation. Here are some tips:

- Try 15 or 20 minutes at a time on a group of about two dozen words and phrases.
- The next time, start a new group but revise the last one, and make a note of the words you have forgotten.
- Use the material as soon as possible, as the context you create will help you to remember it.

The following abbreviations have been used in brackets:

- *m* (masculine)
- *f* (feminine)
- *mpl* (masculine plural)
- *fpl* (masculine plural)
- *subj* (subjunctive)

dition

Mot
à mot

French vocabulary for AQA A-level

Paul Humberstone
Kirsty Thathapudi

HODDER
EDUCATION
AN HACHETTE UK COMPANY

Acknowledgements

Every effort has been made to trace all copyright holders, but if any have been inadvertently overlooked, the Publishers will be pleased to make the necessary arrangements at the first opportunity.

Although every effort has been made to ensure that website addresses are correct at time of going to press, Hodder Education cannot be held responsible for the content of any website mentioned in this book. It is sometimes possible to find a relocated web page by typing in the address of the home page for a website in the URL window of your browser.

Hachette UK's policy is to use papers that are natural, renewable and recyclable products and made from wood grown in sustainable forests. The logging and manufacturing processes are expected to conform to the environmental regulations of the country of origin.

Orders: please contact Bookpoint Ltd, 130 Park Drive, Milton Park, Abingdon, Oxon OX14 4SE. Telephone: (44) 01235 827720. Fax: (44) 01235 400401. E-mail: education@bookpoint.co.uk Lines are open from 9 a.m. to 5 p.m., Monday to Saturday, with a 24-hour message-answering service. You can also order through our website: www.hoddereducation.co.uk

ISBN: 978 1 5104 3480 6

© Paul Humberstone and Kirsty Thathapudi 2018

First published in 1991 by
Hodder Education,
An Hachette UK Company
Carmelite House
50 Victoria Embankment
London EC4Y 0DZ
www.hoddereducation.co.uk

Second edition published 1996
Third edition published 2000
Fourth edition published 2006
Fifth edition published 2010
This sixth edition published 2018

Impression number   10 9 8 7 6 5 4 3
Year   2022 2021 2020 2019

Cover photo © pcalapre/Fotolia
Typeset in India
Printed in CPI Group (UK) Ltd, Croydon, CR0 4YY

A catalogue record for this title is available from the British Library.

MIX
Paper from responsible sources
FSC™ C104740

Quelques suggestions pour enrichir la conversation et la rédaction.

A1 Premièrement   *Firstly*

aborder un problème	to tackle a problem
à première vue	at first sight
au premier abord/de prime abord	
dès l'abord/le départ	from the outset
pour comprendre le problème, il faut d'abord...	to understand the problem, we must first...
réfléchissons d'abord à...	let us first consider...
il s'agit d'abord de se demander...	we must first ask ourselves...
la première question qui se pose est de savoir...	the first question we must ask is whether...
dans le fond	basically
partons du principe que...	let us take as a basic principle that...

A2 Il s'agit de...   *It is about...*

quant à...	as for...
en ce qui concerne...	as far as...is concerned
de quoi s'agit-il en fait ?	what in fact is the issue?
ce qui est en cause, c'est...	what is at issue is...
la controverse porte sur...	the argument involves...
faire une mise au point de la situation	to clarify the position
donner quelques précisions	to clarify a few details
définir ce qu'on entend par...	to define what one understands by...
analyser quelques enjeux	to analyse a few issues
à l'ordre du jour	on the agenda
faire le point sur l'affaire	to summarise the issue
chercher un point de repère	to seek a point of reference
tirer l'affaire au clair	to shed light on the matter
cerner le problème essentiel	to define the main problem
saisir le fond des enjeux	to grasp what is basically at stake

A3 Il y a un problème

There is a problem

la crise	crisis
une situation inquiétante	a worrying state of affairs
poser un problème crucial	to pose a central problem
une question épineuse	an issue fraught with difficulty
le fond du problème	the basis of the problem
la principale difficulté porte sur…	the main difficulty involves…
toute la difficulté	the main difficulty
est de… (+ *infin*)	is to…
réside en… (+ *noun*)	is in…
le souci prédominant	the main worry
un obstacle insurmontable	an insurmountable obstacle
l'entrave (*f*)	hindrance
la pierre d'achoppement	stumbling block
des obstacles subsistent encore	some obstacles remain
le terrain est miné	it is a minefield
une crise qui couve	a brewing crisis
difficilement maitrisable	hard to bring under control
le bilan est globalement négatif	on the whole things are not good
exprimer la crainte que… (+ *subj*)	to express the fear that…
les choses prennent une mauvaise tournure	things are going wrong
un avant-gout de ce qui pourrait survenir	a foretaste of what might occur

A4 Le problème devient plus sérieux

The problem is getting more serious

plus inquiétant encore…	what is even more worrying is that….
la situation se complique	the situation is getting more complicated
une autre difficulté est venue s'ajouter	a further difficulty has cropped up
la nouvelle donne	the new state of play
aggraver la crise	to worsen the crisis
la situation	the situation
empire de jour en jour	is getting worse every day
tourne à la catastrophe	is becoming disastrous
atteint un niveau critique	is reaching a critical level
atteint la cote d'alerte	is at flash point
menace de s'éterniser	threatens to go on for ever
le phénomène s'accroit	the phenomenon is on the increase

la tendance s'accentue	the tendency is becoming more noticeable
le problème se banalise	the problem is getting more common
le problème a pris une telle ampleur que…	the problem has taken on such proportions that…
mettre le feu aux poudres	to bring things to a head
pour comble de malheur	to cap it all

A5 Comment résoudre le problème ?

How can the problem be solved?

un moyen de…	a way of…
remédier à	to cure
surmonter	to overcome
venir à bout de…	to get through/over…
la solution est loin d'être évidente	the solution is far from obvious
la question est de savoir comment s'y prendre pour…	it is a matter of knowing how to go about …
il existe de nombreux moyens de…	there are many ways of…
la solution qui s'impose, c'est…	the obvious solution is…
l'essentiel du travail consiste à…	the main job is to…
saisir la question à bras-le-corps	to get to grips with the issue
élaborer une stratégie	to draw up a plan of action
mieux vaut…que de…	it is better to…than to…
éviter qu'une telle situation ne se reproduise	to prevent such a situation from happening again
construire de nouveaux repères	to establish new points of reference
défricher des voies nouvelles	to clear the way for new lines of approach
opter pour une solution médiane	to go for a compromise solution
aboutir à un compromis	to reach a compromise
en dernier ressort/recours	as a last resort

A6 Important

Important

surtout	above all
notamment	notably
en particulier	especially
il faut :	we must:
souligner l'importance de…	emphasise the importance of…
prendre…au sérieux	take…seriously

un évènement marquant	a significant event
l'essentiel (*m*) de l'affaire	the crux of the issue
le point crucial du débat le nœud du débat	the crucial point of the discussion
le plus frappant ici c'est…	the most striking thing here is…
le débat tourne autour de…	the discussion hinges on…
l'étape essentielle	vital stage
l'enjeu capital/de taille	prime/big issue
le facteur clef	key factor
au cœur du débat	at the heart of the discussion
un facteur d'un poids décisif qui pèse lourd	a factor of decisive significance which weighs heavily
le point de mire	focal point
la pierre angulaire	cornerstone
le principe directeur	guiding principle
une nécessité de premier plan	a priority need
jouer un rôle primordial/prépondérant	to play a major part
plusieurs points forts se dégagent	several important points emerge
il ne faut pas banaliser le danger	we must not play down the danger
il est utile de s'attarder sur…	it is worth dwelling on…
il ne faut pas passer sous silence… il ne faut pas tirer le rideau sur…	we must not draw a veil over…
l'ampleur (*f*) des conséquences	the extent of the consequences
des conséquences d'une grande portée	far-reaching consequences

A7 Pourquoi ?

Why?

comment expliquer… ?	what is the explanation for…?
formuler la question	to formulate the question
tenter de déterminer les causes	to try to identify the causes
expliquer le pourquoi de…	to explain the reason(s) for…
il convient de se demander	it is appropriate to ask oneself
il y a lieu de se demander	there is good reason to wonder
reste à comprendre pourquoi	it remains to work out why
le pourquoi et le comment	the whys and wherefores
remonter de l'effet à la cause	to work back from effect to cause
désigner les sources du mal	to pinpoint the origins of the ill

A8 Parce que/à cause de

Because/because of

étant donné que	given that
vu que	considering that
en raison de	in view of
face à/devant	in the face of
par suite de	owing to
grâce à	thanks to
mettre qqch sur le compte de…	to attribute something to…
pour de multiples raisons	for all sorts of reasons
cela peut s'expliquer par plusieurs facteurs	several contributing factors explain this
d'autres facteurs entrent en ligne de compte	other factors have to be taken into consideration
un simple rapport de cause à effet	a simple link between cause and effect

A9 Les gens pensent que…

People think that…

certains soutiennent que…	some people maintain that…
certains préconisent…	some people recommend…
on a tendance à croire que…	people tend to believe that…
nombreux sont ceux qui disent…	there are many who say…
tout le monde s'accorde à reconnaitre que…	everyone is agreed in recognising that…
le sondage	opinion poll
sonder/déceler les opinions	to find out what people think
un échantillon de la population	a sample of the population
le préjugé (répandu)	(widely held) prejudice
l'idée reçue	popular belief
le point controversé	controversial point
le parti pris	presupposition
l'évolution (f) de l'opinion publique	changes in public opinion
être en désaccord	to be in disagreement
les avis sont partagés sur ce point	opinions are divided on this matter
des divergences (f) de vue	differences of opinion
c'est dans l'air du temps	it's the fashionable view
une vision fort répandue	a very widely held view
un consensus semble se dégager	a consensus seems to be emerging
le bruit court que…	rumour has it that…
une part non négligeable du public	a considerable proportion of the public

partout on aboutit au même constat	everywhere people are coming to the same conclusion
l'idée traine un peu partout	the view is quite widely held
il est d'ores et déjà acquis que…	people now presuppose that…
il est de notoriété publique que…	it is (unwelcome) public knowledge that…

A10 À mon avis…   *In my opinion…*

à mon sens	as I see it
selon moi	in my view
pour ma part	for my part
il me semble que…	it seems to me that…
j'estime que…	I consider that…
je soutiens que…	I maintain that…
je suis persuadé(e) que…	I am convinced that…
ma prise de position	the line I take
ma piste de réflexion	my line of thought
le parti que je prends, c'est celui de…	the side I take is that of…
cela me parait évident que…	it seems obvious to me that…
cela me conduit à penser que…	that leads me to think that…
je ne peux pas m'empêcher de penser que	I cannot help thinking that…
ce qui me préoccupe, c'est…	what bothers me is…
à ma connaissance	to the best of my knowledge
il y a fort à parier que…	it is a very good bet that…
il y a de fortes chances que…	there is a strong chance that…
qu'on ne s'y trompe pas	let there be no mistake about it
à tort ou à raison	rightly or wrongly

A11 C'est une bonne idée   *It is a good idea*

logique	logical
sensé(e)	sensible
raisonnable	reasonable
un argument de poids	a forceful argument
un argument qui se défend	a defensible argument
un jugement sain/valide	a sound/valid judgement
une idée nette/claire	a clear idea

une idée juste	a sound idea
une idée persuasive	a persuasive idea
une idée convaincante	a convincing idea
une idée puissante	a powerful idea
une idée clairvoyante	a perceptive idea
une idée pertinente	a relevant idea
une idée perspicace	an idea which shows insight
un raisonnement imparable	an unanswerable argument

A12 Je suis d'accord — *I agree*

bien entendu } c'est sûr }	of course
je suis du même avis	I take the same view
sans réserve	unreservedly
je dois reconnaitre que…	I must concede that…
je suis un(e) ardent(e) défenseur (-euse) de…	I am a vigorous defender of…
j'accepte	I accept/agree
sans broncher	unflinchingly
sans équivoque	unequivocally
on considère à juste titre que…	people rightly think that…

A13 C'est une mauvaise idée — *It is a bad idea*

impensable	unthinkable
inadmissible	unacceptable
inouï(e)	incredible, unbelievable
mal conçu(e)	ill-conceived
scandaleux (-euse)	scandalous
aberrant(e)	ludicrous
coupé(e) des réalités	remote from the realities of life
l'idée se révèle fausse	the idea turns out to be wrong
l'idée ne repose sur rien de sérieux	there is no sound basis for the idea
il est hors de question de (+ *infin*)	to…is out of the question
du pur délire	sheer lunacy
un outrage au bon sens	an outrage to common sense
un projet voué à l'échec	a plan doomed to failure
une stratégie inefficace	an ineffective strategy
une stratégie dépourvue de sens	a senseless strategy
une stratégie hautement contestable	a highly debatable strategy

un argument qui manque de poids	an insubstantial argument
un argument démenti par les faits	an argument belied by the facts
l'argument	the argument
ne rime à rien	does not add up
ne dépasse pas la surface des choses	only skims the surface
ce n'est pas l'unique piste à explorer	it is not the only avenue to be explored
rien ne serait plus vain que (de + *infin*)	nothing would be more futile than (to…)
à quoi cela sert-il de (+ *infin*) ?	what is the point of…?
mieux vaut s'en tenir à…	it is better to stick to…
où veut-on en venir ?	what are they trying to achieve?

A14 Je ne suis pas d'accord   *I disagree*

rien n'est moins sûr	nothing is less certain
loin s'en faut	far from it
c'est tout le contraire	exactly the opposite is true
ma réaction est négative	I react negatively
je remets en cause…	I call into question…
je condamne nettement…	I condemn outright…
je m'élève contre…	I protest against…
je suis fermement opposé(e) à…	I am firmly opposed to…
je prends le contre-pied	I take the opposite view
il est peu probable que (+ *subj*)	it is unlikely that…
personne n'imagine en effet que (+ *subj*)	nobody really imagines that…
il n'est pas normal que… (+ *subj*)	it is not acceptable that…
il est illusoire de s'imaginer que… (+ *subj*)	it is fanciful to imagine that…
il est invraisemblable que… (+ *subj*)	it is improbable/unlikely that…; it is incredible that…
il y a peu de chances que… (+ *subj*)	there is not much likelihood that…
il est encore moins certain que… (+ *subj*)	it is even less certain that…
il y a quelque exagération à affirmer que…	it is somewhat excessive to state that…
l'erreur serait de croire que…	the mistake would be to think that…
il faut se garder de conclure que…	we must be wary of concluding that…
contrairement à ce que prétend(ent) [x]	contrary to the claims made by [x]
qui pourrait soutenir que… (+ *subj*) ?	who could maintain that…?
croit-on vraiment que… (+ *subj*) ?	do people really believe that…?

A15 C'est certain

It is certain

sans aucun doute	undoubtedly
le constat	accepted fact
le fait établi	established fact
le fait indéniable/incontestable	undeniable fact
il faut bien reconnaitre que…	it must be acknowledged that…
rien n'est plus sûr	nothing is more certain
il est hors de doute que… il ne fait aucun doute que…	there is no doubt that…
nul ne saurait douter que…	nobody can doubt that…
personne ne conteste le fait que…	nobody challenges the fact that…
force est de constater que…	it must be stated that…
un constat qui ne prête pas à débat	a fact beyond discussion
les experts se montrent formels	the experts are categorical
les chiffres l'attestent	the figures bear this out
tout contribue à cette certitude	everything contributes to this certainty

A16 C'est évident

It is obvious

c'est clair et net c'est évident	it is obvious
manifestement de toute évidence	obviously
fatalement, inévitablement	inevitably
chacun peut constater que…	anyone can see that…
inutile de dire que…	needless to say…
il n'est pas étonnant que… (+ *subj*) il est normal que… (+ *subj*)	it is only to be expected that…
il va de soi que…	it goes without saying that…
on peut tenir pour acquis que…	we can take it for granted that…
tout porte à croire que…	everything leads one to believe that…
nul n'ignore (que)…	nobody is unaware of (the fact that)…
comment s'étonner que… (+ *subj*)	it is hardly surprising that…
rien d'étonnant à ce que… (+ *subj*)	there is nothing surprising in that…
comme il fallait s'y attendre	as was to be expected
il faut se rendre à l'évidence	one must submit to the obvious
c'est dans l'ordre des choses	it is in the nature of things
cela saute aux yeux	it is instantly obvious
cela se passe d'explication	it is self-explanatory

A17 Et...

And...

et puis alors...	and then...
d'ailleurs	by the way, in fact, incidentally
de même	similarly
en/de plus	what is more, besides
par ailleurs	furthermore
aussi bien que	as well as
non seulement...mais encore	not only...but also
en fait	in fact
à cela s'ajoute...	in addition there is...
il en est de même pour...	the same is true for...
on peut également constater que...	one can also see that...
sans oublier	not forgetting
à noter également que...	it is also worth noting that...
aller de pair avec	to go hand in hand with
et ainsi de suite	and so on

A18 Mais...

But...

mais encore...	but then...
cependant	howewer
pourtant	
néanmoins	nevertheless
toutefois	
par contre	
à l'inverse	conversely, on the contrary
au contraire	
ceci dit	that said
en revanche	on the other hand
d'autre part	
quoi qu'il en soit	regardless of that, however that may be
n'empêche que	
malgré tout cela	in spite of all that
toujours est-il que...	the fact remains that...
il n'en reste pas moins que...	
sur un tout autre plan	on an entirely different level
il en va autrement pour...	it is not the same in the case of...
on peut à l'inverse soutenir que...	conversely it can be maintained that...

A19 Donc...

Therefore...

le résultat	result
la conséquence	consequence
or	but, yet
aussi (+ *inverted verb*)...	so...
par conséquent	consequently
par la suite	subsequently
la portée	impact, consequences
de fil en aiguille	one thing leading to another
d'où	as a consequence of which
il en résulte/découle (fatalement)...	the (inevitable) result (of this) is...
il s'ensuit que...	it follows from this that...
par voie de conséquence	as a consequence
à la lumière de	in the light of
compte tenu du fait que...	taking account of the fact that...
il s'avère que...	it turns out that...
c'est-à-dire	that is to say

A20 Au sujet de...

On the subject of...

vis-à-vis de... à propos de...	with regard to
en matière de en/pour ce qui concerne	as far as...is/are concerned
par rapport à à l'égard de sur le plan de dans le cadre de	with regard to
dans l'optique de dans le domaine de	in the area/context of

A21 En général

In general

de manière générale	generally speaking
en règle générale	as a rule
quasiment	almost, practically
dans une large mesure	to a great extent

dans l'ensemble	on the whole
bon an mal an	on average, on the whole
sur bien des plans	on a good many levels
à bien des égards	in many respects
à tous les égards	in all respects
en gros	roughly
tous/toutes…confondu(e)s	taking all…into account
la quasi-totalité de…	almost all…
dans la mesure du possible	as far as possible
jusqu'à un certain point	up to a point
à de rares exceptions près	with few exceptions

A22 De toute façon… — *Anyway…*

en tout cas	
de toute façon	in any case
en tout état de cause	
dans/en un certain sens	in one sense
en l'occurrence	as it happens
pour ainsi dire	so to speak
à bien y réfléchir	if you really think about it
en quelque sorte	in a way
qu'on le veuille ou non	whether one likes it or not

A23 Si c'est vrai — If this is true

s'il en est ainsi	if this is the case
dans ce scénario	in these circumstances
selon cette hypothèse	according to this supposition
à en juger par…	judging by…
pour autant qu'on puisse en juger	as far as one can judge
admettons/supposons que les choses en soient là	let us admit/suppose that things have come to this
dans l'éventualité de…	in the event of…
le cas échéant	should this arise

A24 Le temps

Time

un petit moment	a little while
un bon moment	quite a while
au bout d'un moment	after a while
longtemps	for a long time
en même temps	at the same time
la plupart du temps	most of the time
de temps en temps de temps à autre	from time to time
par intervalles	now and again
au même instant	at (precisely) the same moment
au même moment	at the same (period of) time
à partir du moment où…	from the time when…
dans un/le même temps	over the same period
au fil des années	as the years go by
sur une trentaine d'années	over a period of 30 years or so
du jour au lendemain	overnight
en un tournemain	in no time
en l'espace de 3 ans	within 3 years (time taken)
dans un délai de 15 jours	within a fortnight
il est grand temps de…	it is high time to…
c'est l'occasion ou jamais de…	this is the ultimate opportunity to…
gagner du temps	to play for time
arriver à (l')échéance	to reach the due date, expire
sans échéance précise	without a definite time limit
remettre (aux calendes grecques)	to put off (indefinitely)
trainer en longueur	to drag on
s'étaler sur plusieurs années	to be spread out over several years

A25 Dans le passé

In the past

naguère	not so long ago/in recent times
autrefois jadis	in days gone by
il y a belle lurette que…	It has been a long time since…
à ce moment-là	at the time (past)
à cette époque-là	in those days
des siècles durant	for centuries (in the past)
dans un passé récent	in the recent past

la décennie	decade
aux débuts des années 2000	in the early years of the twenty-first century
cette époque est révolue	those times are past

A26 Maintenant

Now

en ce moment	at present
à notre époque	in our era
de nos jours	these days
à l'époque actuelle	
à l'heure actuelle	at the present time
à l'heure qu'il est	
par les temps qui courent	in the times we are living through

A27 À l'avenir

In the future

aussitôt que possible	as soon as possible
tôt ou tard	sooner or later
désormais	from now on
dorénavant	
d'ores et déjà	already
dans l'immédiat	in the immediate future
dans un proche avenir	in the near future
dans un premier temps	in the early stages
à plus longue échéance	in the longer term
à plus ou moins long terme	in the longer or shorter run
dans les [x] prochaines années	in the next [x] years
dans les décennies à venir	in decades to come

A28 On verra bien

We shall see

s'attendre à	to expect
attendre avec impatience	to look forward to
difficile à prévoir	hard to foresee
imprévisible	unpredictable
qu'en sera-t-il de l'avenir ?	what will the future bring?
que résultera-t-il de (+ *noun*)… ?	what will be the result of…?

il est à prévoir que…	it is possible to predict that…
reste à savoir si…	it remains to be seen whether…
reste à espérer que…	the hope remains that…
reste à savoir ce qui en résultera	the outcome remains to be seen
seul l'avenir nous le dira	only time will tell
c'est de bon augure	it bodes well
c'est de mauvais augure	it bodes ill
on peut se perdre en conjectures	one could speculate for ever
se garder de tout pronostic	to refrain from making predictions
l'incertitude plane sur…	uncertainty hovers over…
quoi qu'il advienne	whatever happens
l'heure de vérité approche	the moment of truth is approaching
faire craindre le pire	to lead one to expect the worst
rien ne laisse présager…	there is no reason for predicting…
dans la meilleure des hypothèses	if things turn out for the best
de réels motifs d'espoir	real grounds for hope
se dérouler selon les prévisions ⎫ se dérouler comme prévu ⎬	to go according to plan
l'optimisme/le pessimisme reste de rigueur	one can only be optimistic/pessimistic
se dérouler comme prévu	
le catastrophisme n'est pas de mise	a gloom-and-doom attitude is inappropriate

A29 Comme je l'ai déjà dit… ## *As I have said before…*

bref	in a word, in short
en d'autres termes ⎫ autrement dit ⎬	in other words
j'en reviens toujours là	I come back to that point again
j'ai déjà constaté	I have already established
nous l'avons noté	we have noted it (the fact)
je tiens à insister sur le fait que…	I want to underline the fact that…
cela revient à dire que… ⎫ autant dire que… ⎬	this amounts to saying that…
cela se réduit à…	this boils down to…

A30 Finalement

où en est-on vraiment ?

en bref
en somme
pour résumer

en fin de compte
tout compte fait

à tout prendre
à tout bien considérer

à bien réfléchir
tout bien réfléchi

l'heure est aux bilans
dans l'ensemble
la conclusion qui s'en déduit
j'en viens à conclure que…

Finally

where have we actually got to?

to sum up

all things considered

on balance

after careful thought

it is time to assess things
on the whole
the conclusion that emerges from this
I come to the conclusion that…

A31 Quelques synonymes

absolument
carrément
complètement
entièrement
globalement
intégralement
parfaitement
pleinement
totalement
tout à fait

beaucoup
considérablement
énormément
largement

bizarre
curieux (-euse)
étrange
insolite
singulier (-ère)

Some synonyms

absolutely

considerably

odd

causer	*to cause*
amener	
déclencher	
engendrer	
entrainer	
occasionner	
produire	
provoquer	
susciter	
certainement	*certainly*
assurément	
évidemment	
incontestablement	
irréfutablement	
surement	
dire	*to say*
annoncer	
déclarer	
exprimer	
prononcer	
raconter	
signaler	
incroyable	*unbelievable*
étonnant(e)	
extraordinaire	
fabuleux (-euse)	
fantastique	
inconcevable	
inouï(e)	
invraisemblable	
inimaginable	
prodigieux (-euse)	
stupéfiant(e)	
surprenant(e)	
pouvoir	*to be able to*
avoir la possibilité de	
être capable de	

Quelques synonymes

être en état de
être en mesure de

regrettable   *regrettable*
attristant(e)
déplorable
fâcheux (-euse)
navrant(e)

terrible   *awful*
affreux (-euse)
effrayant(e)
effroyable
épouvantable
horrible

vouloir faire   *to want to do*
aspirer à faire
avoir envie de faire
désirer faire
souhaiter faire

A32 Un mot, deux genres, deux sens / *One word, two genders, two meanings*

Masculine		Feminine	
le livre	book	la livre	pound (weight/ sterling)
le manche	handle	la manche	sleeve
le mémoire	academic thesis	la mémoire	memory
le mode	way (of doing)	la mode	fashion
le page	page boy	la page	page (e.g. of book)
le pendule	pendulum	la pendule	clock
le poêle	stove	la poêle	frying pan
le poste	job	la poste	post office
le somme	snooze	la somme	sum (e.g. of money)
le voile	veil	la voile	sail

One word, more than one meaning

apprécier	to appreciate; to assess
arrêter	to stop; to arrest; to draw up
l'assistance (*f*)	assistance; those present/attending
le bouchon	cork; traffic jam
la caisse	crate; cash desk; till
la campagne	campaign; countryside
la carrière	career; quarry
la carte	card; map
la colle	glue; school detention
confus(e)	indistinct; embarrassed
la côte	slope; coast; rib; (pork/lamb) chop
la course	race; errand
dresser	to erect/put up; to tame
l'esprit (*m*)	mind; spirit; wit
le facteur	factor; postman
la farce	farce; stuffing (food)
la formation	formation; training
le foyer	public entrance hall; hearth; household; hostel
la fuite	flight (escape); leak
la grève	seashore; strike (industrial action)
gronder	to rumble; to scold
important(e)	important; substantial
louer	to rent; to praise
maniaque	obsessive; house-proud
la mine	mine (e.g. coal); facial appearance
la misère	misery; poverty
mortel(le)	mortal; fatal
la pêche	peach; fishing
la pièce	coin; room (in a dwelling)
la police	police; policy (e.g. insurance)
le prix	price; prize
la punaise	bug (insect); drawing pin
le quai	quayside; platform (railway)
la quête	search; collection (e.g. in church)
la queue	queue; tail; rear coach of train
la rage	rage; rabies
la rame	oar; set of train carriages

la reconnaissance		scouting around; gratitude	
redoubler		to redouble; to repeat a school year	
la remise		delivery; discount; remittance; presentation (of prize)	
la répétition		repetition; rehearsal	
terrible		terrible; amazingly good	
sympathiser		to sympathise; to get on well (with sb)	
le trombone		trombone; paper clip	
le tube		tube (e.g. cardboard); hit (song)	
verser		to pour; to pay in	
le vol		theft; flight	

A34 Quelques faux amis   *A few false friends*

Some French words look very similar to English ones but have a different meaning. Listed on the left are some of these words with their actual meanings. In the next columns are the English words you may confuse them with, along with French translations.

accommoder	to adapt	to accommodate	loger
l'achèvement (*m*)	completion	achievement	l'accomplissement (*m*)
actuel(le)	present, current	actual	vrai(e), réel(le)
l'agenda (*m*)	diary	agenda (arrangements)	le programme
l'agonie (*f*)	death throes	agony	la douleur atroce
agréer	to accept/ acknowledge	to agree	être d'accord
l'agrément (*m*)	pleasantness	agreement	l'accord (*m*)
l'appréciation (*f*)	assessment	appreciation	la reconnaissance
l'avertissement (*m*)	warning	advertisement	la publicité
l'avis (*m*)	opinion	advice	le conseil
le bachelier	person who has passed the Baccalaureate	bachelor	le célibataire
bénévole	voluntary	benevolent	bienveillant(e)
le cargo	cargo boat	cargo	la cargaison
la caution	deposit against damages	caution	la précaution
charger	to load	to charge (money)	faire payer

chasser	to hunt	to chase	poursuivre
la confidence	confidential information	confidence	la confiance
la déception	disappointment	deception	la tromperie
le délai	lapse of time	delay	le retard
le désagrément	unpleasantness	disagreement	le désaccord
la dévotion	religious devotion	devotion	le dévouement
l'éditeur (-trice)	publisher	editor	le rédacteur/la rédactrice en chef
l'engagement (m)	commitment	engagement	les fiançailles (f)
éventuellement	in the event	eventually	finalement
l'évidence (f)	obviousness	evidence	la preuve
la fabrique	factory	fabric	le tissu
formellement	absolutely	formally	cérémonieusement
la fourniture	provision (of sth)	furniture	le mobilier
le grief	grievance	grief	la douleur
l'injure (f)	insult	injury	la blessure
incessamment	without delay	incessantly	sans arrêt
inhabitable	uninhabitable	inhabitable	habitable
inhabité(e)	uninhabited	inhabited	habité(e)
introduire	to insert	to introduce	présenter
l'issue (f)	way out	issue (for debate)	la question, le problème
le langage	way of speaking	language	la langue
la lecture	reading	lecture	la conférence
la librairie	bookshop	library	la bibliothèque
la location	renting, hiring	location	le site, l'emplacement (m)
le logeur (-euse)	landlord/lady	lodger	le locataire
le ministère	ministry	minister	le ministre
les particuliers	private individuals	particulars	les précisions (f)
la partition	musical score	partition	la cloison
pathétique	moving	pathetic	lamentable
le/la pensionnaire	boarder (school or lodgings with meals)	pensioner	le/la retraité(e)
le pétrole	oil	petrol	l'essence (f)
le/la photographe	photographer	photograph	la photo(graphie)

Quelques faux amis

le préjudice	harm	prejudice	le préjugé
prétendre	to claim (e.g. to be the best)	to pretend	faire semblant
le procès	trial	process	le processus
la rente	private income	rent	le loyer
reporter	to postpone	to report	signaler
rude	tough, harsh	rude	impoli(e)
sensible	sensitive	sensible	sensé(e)
le stage	course (e.g. training)	stage	la scène
le studio	one-bedroom flat	studio (e.g. artist's)	l'atelier (m)
le surnom	nickname	surname	le nom de famille
le trouble	confusion, distress	trouble	les ennuis (m)
user	to wear out	to use	utiliser
valable	valid	valuable	de (grande) valeur
versatile	volatile	versatile	aux talents multiples

A35 Faut-il une préposition ? *Do I need a preposition?*

accuser qqn de faire	to accuse sb of doing
aider qqn à faire	to help sb to do
aimer (mieux) faire	to like (prefer) doing
apprendre à faire	to learn to do
arrêter de faire	to stop doing
arriver à faire	to manage to do
s'attendre à faire	to expect to do
chercher à faire	to seek to do
commencer à faire	to start to do
compter faire	to reckon on doing
conseiller à qqn de faire	to advise sb to do
continuer à/de faire	to continue to do
décider de faire	to decide to do
se décider à faire	to make up one's mind to do
défendre à qqn de faire	to forbid sb to do
demander à qqn de faire	to ask sb to do
désirer faire	to desire to do
devoir faire	to be obliged/to have to do
dire à qqn de faire	to tell sb to do
empêcher qqn de faire	to prevent sb from doing
encourager qqn à faire	to encourage sb to do

espérer faire	to hope to do
essayer de faire	to try to do
éviter de faire	to avoid doing
finir de faire	to finish doing
hésiter à faire	to hesitate to do
inviter qqn à faire	to invite sb to do
menacer de faire	to threaten to do
mériter de faire	to deserve to do
offrir de faire	to offer to do
oser faire	to dare to do
oublier de faire	to forget to do
penser faire	to be thinking of doing
permettre à qqn de faire	to allow sb to do
pouvoir faire	to be able to do
préférer faire	to prefer to do
prier qqn de faire	to ask sb to do
promettre de faire	to promise to do
proposer de faire	to suggest doing
refuser de faire	to refuse to do
regretter de faire	to regret doing
renoncer à faire	to give up doing
réussir à faire	to succeed in doing
savoir faire	to know how to do
sembler faire	to seem to do
vouloir faire	to want to do

Theme 1

Aspects of French-speaking society: current trends

1 La famille en voie de changement

le statut matrimonial	marital status
être célibataire	to be single
veuf	a widower
veuve	a widow
vivre en concubinage	to live together
le conjoint	spouse, partner
le compagnon	male partner
la compagne	female partner
se fiancer avec qqn	to get engaged to sb
épouser qqn se marier avec qqn	to marry sb
le mariage civil	civil wedding
le mariage religieux	church wedding
les beaux-parents	parents-in-law
le beau-père	father-in-law
la belle-mère	mother-in-law
le beau-frère	brother-in-law
la belle-sœur	sister-in-law
le gendre	son-in-law
la belle-fille	daughter-in-law
se séparer	to separate from each other
l'enfance (f)	childhood
être enfant unique	to be an only child
avoir un frère/une sœur ainé(e)	to have an older brother/sister
avoir un frère/une sœur cadet(te)	to have a younger brother/sister
être l'ainé(e)	to be the oldest sibling
être le cadet/la cadette	to be youngest sibling
atteindre la majorité	to reach the age of 18

1.1 Grands-parents, parents et enfants : soucis et problèmes

Grandparents, parents and children: concerns and problems

Grands-parents : soucis et problèmes	***Grandparents: concerns and problems***
les petits-enfants	grandchildren
le petit-fils	grandson
la petite-fille	granddaughter
la fonction essentielle	the essential function
être à la retraite	to be retired
être disponible	to be available
s'occuper des enfants	to look after the children
emmener les enfants à l'école	to take the children to school
aller chercher les enfants à l'école	to pick up the children from school
préparer le gouter	to prepare the tea-time snack
surveiller les devoirs	to supervise the homework
assurer la conciliation travail-famille	to ensure that parents can reconcile the demands of work and family
offrir un soutien rassurant	to offer reassuring support
garantir une certaine stabilité	to guarantee a measure of stability
accorder de l'attention à l'enfant	to give the child attention
apporter	to provide
un soutien affectif	emotional support
de l'écoute	a sympathetic ear

clarifier le partage des rôles	to be clear about how roles are shared
conserver la bonne distance	to maintain the right distance
acquérir un équilibre	to get the right balance
savoir s'effacer	to know how to make oneself inconspicuous
éviter de déborder	to avoid overstepping the mark
éviter de se trouver en situation de conflit	to avoid a confrontational situation
respecter les convictions des parents	to respect the parents' convictions
respecter les choix parentaux	to respect the parents' choices
être trop envahissant(e)	to interfere too much
chercher à rivaliser avec les parents	to try to compete with the parents
exprimer des désaccords sur la façon d'élever un enfant	to express disagreement about how a child should be brought up
saper l'autorité des parents	to undermine parental authority
autoriser ce qui est interdit	to allow what is forbidden

brouiller les limites	to make the boundaries unclear
causer un sentiment d'insécurité	to cause a feeling of insecurity
risquer de troubler l'équilibre familial	to risk upsetting the family's equilibrium

Les parents et les enfants : soucis et problèmes

Parents and children: concerns and problems

être attentif (-ive) aux besoins de l'enfant	to be attentive to the child's needs
le besoin d'être sécurisé(e)	need to feel secure
le besoin d'être encouragé(e)	need to get encouragement
être cohérent(e)	to be consistent
transmettre certaines valeurs	to hand down certain values
alimenter la confiance en soi d'un enfant	to feed a child's self-confidence
créer l'autonomie nécessaire pour grandir	to create the independence needed in order to grow up
savoir être	to know how to be
ferme	firm
compréhensif (-ive)	understanding
les deux parents doivent parler d'une même voix	both parents must speak with the same voice
apprendre à l'enfant à :	to teach a child to:
se comporter comme il faut	behave properly
se confronter à des limites	face up to boundaries
maitriser ses émotions	to control his/her emotions
donner des repères	to provide points of reference
la crainte d'être trop	fear of being too
sévère	strict
indulgent(e)	indulgent
gâter un enfant avec des biens matériels	to spoil a child with material things
céder à tous ses caprices	to give in to all his/her whims
faire de lui/d'elle un petit tyran	to make a little tyrant out of him/her
voir l'enfant comme un prolongement de soi-même	to see one's child as an extension of oneself

....

les exigences des parents	demands made by parents
placer la barre trop haut	to set unrealistic goals
le sujet d'accrochages	subject of arguments
la lutte quotidienne	daily battle
le besoin d'espace personnel	need for personal space
la crise d'identité	identity crisis
avoir soif de liberté	to have a thirst for freedom

avoir des parents	to have
démodés	old-fashioned parents
étroits d'esprit	narrow-minded parents
le manque de compréhension	lack of understanding
faire des reproches constants	to reproach endlessly
commenter ses fréquentations	to comment on who sb goes around with
l'attitude (f) rebelle	rebellious attitude
le mouvement d'humeur	show of irritation
l'accrochage (m)	clash, arguments
rejeter l'autorité parentale	to reject parental authority
faire sauter les règles	to break all the rules
prendre une attitude provocatrice	to behave provocatively
l'affrontement (m) des points de vue	confrontation of points of view
avoir des relations tendues	to have a tense relationship
maintenir le dialogue	to keep communication going
chercher un terrain d'entente	to look for an area of agreement
traiter qqn comme un adulte	to treat sb like an adult
se mettre à la place de qqn	to put oneself in sb else's place
être structurant(e) en gardant de la souplesse	to provide structure while being flexible
l'écoute (f) et le respect réciproques	listening to and respecting each other

1.2 Monoparentalité, homoparentalité, familles recomposées

Single parenting, same-sex parenting, step-families

La monoparentalité	***Single parenting***
le parent seul	single parent
le père/la mère célibataire	unmarried father/mother
un modèle familial de plus en plus répandu	an increasingly widespread family model
le décès (précoce) du conjoint	the (premature) death of the spouse/ partner
la séparation (conflictuelle)	(acrimonious) separation
vivre sans conjoint	to live without a spouse/partner
être en garde alternée	to share custody of the child(ren)
avoir des conséquences	to affect
sur le bien-être social	one's social well-being
sur le bien-être physique	one's physical well-being
sur le bien-être mental	one's mental well-being

les difficultés du quotidien	everyday problems
l'absence (f) de relai	the lack of anyone to take over
assumer le quotidien tout(e) seul(e)	to cope with daily life by oneself
assumer les fonctions paternelles et maternelles	to take on the roles of both father and mother
le manque de soutien affectif	lack of emotional support

avoir un emploi du temps surchargé	to have an overloaded structure
la difficulté à trouver du temps pour soi	the difficulty of finding time for oneself
jongler entre maison et travail	to juggle with home and work
le manque de solutions de garde d'enfants	lack of solutions with regard to child minding
un vrai casse-tête	a major headache
faire barrage à l'emploi	to be an obstacle to getting a job
souffrir de discrimination	to suffer discrimination
des facteurs limitant la capacité de travailler	factors limiting the ability to work
manquer d'expérience professionnelle de flexibilité	to lack work experience flexibility
l'enfant exige une structure rigide	a child demands a strict structure
avoir de fortes contraintes familiales	to have severe constraints imposed by family life
travailler en horaires atypiques	to work unsocial hours
établir des règles de vie régulières	to establish consistent rules
accorder l'attention nécessaire à…	to give the necessary amount of attention to…
éviter de livrer l'enfant à lui-même	to avoid leaving the child to his/her own devices

le manque d'aide financière	lack of financial help
entrainer des difficultés financières	to bring about financial problems
avoir des conditions de logement précaires	to have precarious housing conditions
l'allocation (f) pour parent isolé	social security payment for lone parents
la pension alimentaire privée	maintenance grant (from the former spouse)
L'homoparentalité	***Same-sex parenting***
le conjoint du même sexe	same-sex partner
désirer élever un enfant	to want to bring up a child

assurer l'équilibre de l'enfant	to ensure that the child is well balanced
démentir les préjugés	to show that the prejudice is ill-founded
dissiper les malaises	to dispel a sense of unease
il n'y a pas de différence par rapport à :	there is no difference with regard to:
l'identité sexuelle	sexual identity
la réussite scolaire	school results
la fréquence des troubles psychologiques	frequency of psychological problems
la qualité des relations sociales	quality of social relationships
pouvoir s'épanouir comme les autres	to be able to flourish like others

l'homophobie (f)	homophobia
la discrimination sociale	social discrimination
la stigmatisation homophobe	being stigmatised by anti-gay people
on parle de :	people talk about:
l'influence vitale des deux genres	the vital importance of the influence of both sexes
problèmes de comportement	behavioural problems
problèmes émotionnels	emotional problems
s'interroger sur son identité sexuelle	to question one's own sexual identity
supporter le regard des autres	to cope with being stared at
affronter la moquerie dans la cour de l'école	to deal with teasing in the school playground

La famille recomposée	***The step-family***
la famille élargie	extended family
le beau-parent	step-parent
le beau-père	stepfather
la belle-mère	stepmother
le beau-fils	stepson
la belle-fille	stepdaughter
le demi-frère	half-brother
la demi-sœur	half-sister
vivre l'éclatement de la famille	to go through the break-up of the family
le retentissement sur l'enfant	the effect on the child
créer une nouvelle cellule familiale	to create a new family unit
amener ses enfants d'une précédente union	to bring children from a previous marriage
s'adapter à une nouvelle situation	to adapt to a new situation

des jeux de relations complexes	complex interplay of relationships
la relation de l'enfant :	relationship of the child:
au nouveau conjoint	to the new partner
au parent présent	to the parent who is there
au parent absent	to the parent who is not there
à des demi-frères ou demi-sœurs	to half-brothers or -sisters
la question des rôles	the question of who plays what part
la question des territoires	the question of who occupies what territory
être attentif (-ive) aux éventuelles inquiétudes	to be aware of possible feelings of anxiety
gérer les problèmes relationnels	to manage problems in relationships
créer les conditons d'une bonne entente	to create conditons for harmonious relationships
éviter l'accumulation des ressentiments	to avoid a build-up of resentment
avoir des jalousies à arbitrer	to have to settle issues of jealousy
régler des conflits douloureux	to sort out painful disputes

le nouveau conjoint va :	the new partner is going:
avoir du mal à trouver sa place	to have problems finding his/her position
avoir du mal à se faire respecter	to have problems gaining respect
éprouver un sentiment d'exclusion	to feel excluded
éprouver un sentiment d'impuissance	to feel powerless
le nouveau conjoint doit essayer :	the new partner must try:
de se faire accepter	to get himself/herself accepted
d'établir un rapport de confiance	to establish confidence in the relationship
de se rapprocher des enfants	to get closer to the children
de s'impliquer au quotidien	to get involved in their daily lives
de respecter le territoire affectif de chacun	to respect everyone's emotional territory

le parent doit :	the parent must:
rassurer l'enfant	reassure the child
parler des désaccords	talk about disagreements
légitimer le conjoint	give authority to the new partner
éviter de privilégier son propre enfant	avoid giving his/her own child preferential treatment
le nouveau couple doit :	the new couple must:
se mettre d'accord sur les règles	reach agreement about the rules
présenter un front uni	present a united front

partager des moments	spend time together
créer un esprit de famille	create a family spirit
faire preuve de patience	show patience

l'enfant risque d'éprouver :	the child is likely to feel:
de la jalousie	jealous
un sentiment d'appréhension	apprehensive
un sentiment de rejet	rejected
la peur de trahir l'autre parent	fear of betraying the other parent
un conflit de loyauté	a clash of loyalties
se sentir déboussolé(e)	to feel bewildered
l'enfant perçoit [x] comme un(e) intrus(e)	the child regards [x] as an intruder
adopter une attitude	to adopt an attitude
de refus	of refusal
d'indifférence	of indifference
se refermer comme une huitre	to clam up
créer une ambiance glaciale	to create a frosty atmosphere

1.3 Vie de couple : nouvelles tendances

Recent developments in living together

la disparition du modèle traditionnel	disappearance of the traditonal model
la diminution du nombre de mariages	reduction in the number of marriages
l'âge de mariage augmente	people are getting married later
les formes familiales se diversifient	there is a diversification of family structures
l'augmentation (f) du nombre de :	increase in the number of:
familles éclatées	families that have split up
divorces	divorces
remariages	remarriages
recompositions	reconstituted families
pactes civils de solidarité (PACS)	civil partnerships
familles monoparentales	single-parent families
familles homoparentales	families with same-sex parents
cohabitations prémaritales	people living together before marriage
naissances hors mariage	births to unmarried people
la généralisation de l'union libre	increasing incidence of unmarried couples living together

la chute de la natalité	drop in the birth rate
le recul de l'âge de la maternité	increase in the age at which women have their first child

la révision des rôles traditionnels	revision of traditional roles
la croissance de l'individualisme	increasing importance of individualism
l'importance (f) de	the importance of
l'épanouissement personnel	personal development
l'expression de soi	self-expression
les rôles conjugaux	parts played in a marriage
la distribution des rôles	who plays what part
l'égalité (f) entre les sexes	sexual equality
la répartition du pouvoir au sein du couple	power-sharing within a couple
vivre sur un pied d'égalité	to live on an equal footing
le ménage à double carrière	couple both of whom are working
la répartition des tâches	sharing-out of tasks
le besoin d'autonomie	need for independence
garder des activités à soi	to keep some activities for oneself
se réaliser à travers une activité professionnelle	to fulfil oneself through a professional activity

Useful websites

You will find other useful vocabulary on the topic of *La famille en voie de changement* on the following websites:

www.psychologies.com

www.parents.fr

www.doctissimo.fr

Strategy

There are many nouns linked to -er verbs that end in -ation and they are nearly all feminine. There are also many such nouns that end in -ment and they are nearly all masculine.

A Tous ces verbes se trouvent dans les listes ci-dessus. Dites si le substantif lié à chaque verbe se termine par -ation ou -ment et vérifiez le genre (masculin ou féminin) pour être sûr/sure.

1	affronter	5	créer	9	entrainer	13	s'épanouir
2	autoriser	6	déborder	10	établir	14	se séparer
3	clarifier	7	dissiper	11	interroger		
4	conserver	8	encourager	12	se comporter		

Strategy

The noun derived from a verb is sometimes less obvious than the examples in (A). Make a note of the unusual ones when you come across them (e.g. chanter = le chant, the act of singing).

B Trouvez dans les listes ci-dessus le substantif qui correspond à chacun des verbes suivants :

1	soutenir	6	prouver
2	équilibrer	7	refuser
3	manquer	8	reculer
4	reprocher	9	disparaitre
5	décéder	10	croitre

Strategy

It is always useful to know opposites, e.g. donner → recevoir. Ask yourself whether you know the opposite of words you come across and, if not, look them up.

C Trouvez dans les listes ci-dessus le contraire de chacun des mots suivants :
1 le/la marié(e)
2 permis
3 bas
4 typique
5 stable

2 La « cybersociété »

les adolescents	teenagers
accro à	addicted to
l'appareil (*m*)	device, appliance
dépendant(e)	dependent
avoir des amis/contacts virtuels	to have virtual friends/contacts
avoir des amis réels	to have real friends
le blog	blog
blogger	to blog
le blogueur/la blogeuse	blogger
chatter	to chat
communiquer	to communicate
être connecté(e)	to be online
se connecter à	to connect to
la connexion Internet	internet connection
faire partie de	to belong to
le forum de discussion	discussion forum
garder le contact	to stay in contact
en ligne	online
la jeune génération	the young generation
les jeunes	young people
Internet la toile le Web	the internet
les réseaux sociaux	social networks
surfer sur Internet	to surf the internet

2.1 Qui sont les cybernautes ?   *Who uses the internet?*

l'activisme	activism
actuellement	nowadays
l'adepte (*m/f*)	follower, subscriber, enthusiast
agir	to act
l'anonymat (*m*)	anonymity
anonyme	anonymous
l'application/l'appli (*f*)	application/app
augmenter	to increase
l'avatar (*m*)	avatar

s'aventurer dans le monde des blogs	to venture into the world of blogs
branché(e)	connected
les campagnes publicitaires	publicity campaigns
ça me convient	it suits me
le/la citoyen(ne)	citizen
la citoyenneté	citizenship
le commerce mobile	e-commerce
la compétence en informatique	computer literacy
la communauté	community
le cyber-espace	cyber space
le/la cybernaute	internet user

développer des relations	to cultivate relationships
interagir avec	to interact with
l'écolier (m)	schoolboy
l'écolière (f)	schoolgirl
le/la fanatique	fanatic
fréquenter	to visit/attend
illégalement	illegally
l'identité (f)	identity
le pseudonyme	pseudonym, pen name
simuler	to simulate

l'ingénieur(e) en programmation	software engineer
l'informaticien(ne)	IT expert
le/la programmeur (-euse)	computer programmer
l'expert(e)	expert
les hébergeurs de sites web	website hosts
le fournisseur d'accès	service provider
l'internaute (m/f) l'utilisateur (-trice) d'Internet	internet user
l'usager (m)	(service) user
être un usager passif du Web	to be a passive internet user
le/la défenseur (-euse)	advocate
le/la détracteur (-trice)	detractor

en cas d'urgence	in case of emergency
être à l'aise avec les claviers d'ordinateurs	to be comfortable with computer keyboards
le/la technophile	technophile
le/la technophobe	technophobe
joindre	to reach, speak to

Qui sont les cybernautes ?

le/la lecteur (-trice)	reader
la messagerie	messaging service
se mettre devant son ordinateur	to sit in front of one's computer
le mot de passe	password
se multiplier	to increase in number
participer à	to participate/take part in
le peuple	people
le portail	portal
la presse	the press
les journalistes	journalists
les hommes/femmes politiques	politicians
promouvoir	to promote
naviguer	to navigate
l'outil (m)	tool
l'outil (m) de communication	communication tool
se faire connaitre	to get oneself known

la révolution numérique	digital revolution
la numérisation de l'emploi	digitalisation of jobs
se servir de	to use
la sociéte	society; company/firm
suivre	to follow
Twitter	Twitter
la virtualité	virtual world

2.2 Comment la technologie facilite la vie quotidienne
How technology facilitates daily life

à distance	remote
isolé(e)	isolated
l'achat (m) en ligne	online purchase
accéder à	to access
avoir accès à…	to have access to…
acheter sans se déplacer	to buy without going anywhere
actualiser	to update
s'abonner à…	to subscribe to…
l'accélération (f) des échanges	speeding-up of communication
le bienfait	benefit
s'inscrire à	to join
l'ère (f) informatique	computer age

le GPS	satellite navigation (sat nav)
trouver sa route	to find one's way
l'ordinateur (*m*) portable	laptop computer
commander en ligne	to order online
la commodité	convenience
consulter des sites Web	to consult websites
la cybersanté	e-health
se débrouiller	to get by, to manage
se déplacer	to get around, to travel
la distraction	entertainment
se distraire	to entertain oneself
se documenter	to gather material
l'enregistrement (*m*) en ligne	online check-in
enquêter	to investigate
la microchirurgie	microsurgery

l'e-mail (*m*) le mail le courrier électronique le courriel	e-mail
envoyer des e-mails	to send e-mails
par courriel	by e-mail
le smartphone	smartphone
le SMS le texto	text message
la tablette	tablet

la conception assistée par ordinateur (CAO)	computer-aided design (CAD)
échanger des expériences en ligne	share experiences online
la fabrication assistée par ordinateur (FAO)	computer-aided manufacture
faire des affaires	to do business
faire des courses en ligne	to do online shopping
la vente en ligne	selling online
faire gagner du temps	to save time
faire de la publicité	to advertise
le haut débit	broadband
la liaison à haut débit	broadband connection
le wifi	wireless connection

le partage de la connaissance	the sharing of knowledge
le vecteur d'information	vehicle for information
permettre à	to allow
importer	to import
incorporer de nouvelles fonctionnalités	to incorporate new features
s'informer sur se renseigner sur	to find out information about
s'instruire	to learn, to educate oneself
l'information (f) instantanée	instant information
la messagerie électronique (instantanée)	(instant) messaging
mettre à jour	to update
mettre en ligne	to publish online, upload
le moteur de recherche	search engine
par l'intermédiaire d'Internet	by means of the internet
la rapidité de l'information	the speed of relaying information
rapprocher	to bring closer

remplir un formulaire	to fill in a form
rendre d'innombrables services	to help in innumerable ways
rendre la vie plus facile simplifier la vie	to make life easier
des retombées positives	positive consequences
sauvegarder	to save
télécharger	to download

2.3 Quels dangers la « cyber-société » pose-t-elle ?

What are the dangers of an e-society?

l'alerte (f)	scare
effrayant(e)	frightening
à l'insu de qqn	unknown to somebody
à double tranchant	double-edged
abusif (-ive)	excessive
avoir une mauvaise influence sur…	to have a bad influence on…
calomnieux (-euse)	slanderous
des comportements suspects en ligne	suspect online behaviour
la fiabilité	trustworthiness
fiable	trustworthy

un courrier infesté	an infected e-mail
infesté(e)	infected
le virus	virus
perdre tous vos fichiers	to lose all of your files
les logiciels malveillants	malware
le chantage	blackmail
des photos compromettantes	compromising photos
le piège	trap
les pièges de plus en plus sophistiqués	more and more sophisticated traps
la cybercriminalité	cybercrime
le cybercriminel	cybercriminal
la fraude l'arnaque (f) l'escroquerie (f)	fraud
la pédophilie	paedophilia
le risque de séduction	risk of grooming
le piratage	piracy
le pare-feu la barrière de sécurité	firewall
le pirate informatique	hacker
les usurpations d'identité le vol d'identité	identity theft
l'identifiant (m) unique	unique identifier
favoriser la criminalité	to encourage criminal behaviour
le délit	crime, offence
se figer	to freeze
asocial(e)	asocial
antisocial(e)	antisocial
déprimé(e)	depressed
bouger de moins en moins	to move less and less
les effets pervers	negative effects
les effets nocifs imprévus	unexpected damaging effects
être négatif (-ive) pour le psychisme	to be negative for the psyche
s'isoler de/se couper de ses vrais amis	to isolate oneself from one's real friends
obèse	obese
des menaces pour la santé	threats to health
passer trop de temps sur Facebook	to spend too much time on Facebook
avoir une fausse vision de la réalité	to have a false view of reality

Quels dangers la « cybersociété » pose-t-elle ?

avoir une image déformée de la vie	to have a distorted image of life
la suppression d'emplois	job cut

la cyberintimidation	cyberbullying
avoir un effet sur l'identité de…	to have an effect on the identity of…
divulguer	to disclose
dommageable	detrimental
entrainer des inconvénients	to bring with it disadvantages
envahir la vie privée	to invade private life
filtrer les données	filter information
le harcèlement moral	psychological bullying
humilier publiquement	to humiliate publicly
imprudent(e)	reckless, dangerous
l'intrusion (f)	intrusion
faire un usage abondant/imprudent d'Internet	to use the internet frequently/recklessly
lutter	to fight
mal intentionné(e)	with bad intentions
manipulateur (-trice)	manipulative
la manipulation	manipulation
menacer	to threaten
toucher	to affect
la victime	victim
vulnérable	vulnerable

ouvrir un site prohibé	to open a prohibited website
le plagiat	plagiarism
la tentation du plagiat	temptation to plagiarise
une plateforme idéale pour les voix dissidentes	an ideal platform for dissident voices
poster des commentaires	to post comments
la propagande	propaganda
la radicalisation	radicalisation
regretter	to regret
le revers de la médaille	the other side of the coin
la sécurité	security, safety
la surveillance en ligne	online security
être constamment surveillé(e)	to be watched constantly

Strategy

It is helpful to think of words as being part of a family rather than stand-alone. For example, a noun, verb, adjective or adverb will usually have other words with the same root associated with it. Words within these word families will have similar meanings, e.g. *s'abonner à, l'abonnement, se désabonner, le désabonnement, se réabonner, le réabonnement* (to subscribe to, subscription, to unsubscribe, cancellation of a subscription, to resubscribe, renewal of a subscription)

Learning whole families of words in this way, rather than each word in isolation, will not only help you to remember them, but will also allow you to extend your vocabulary. However, remember that word family patterns can be irregular, e.g. *poumon/pulmonaire; main/manuel; mer/marée; chaud/chaleureux.*

A Trouvez dans les listes de vocabulaire au sujet de la cybersociété des mots qui appartiennent à la même famille que les verbes ci-dessous. Ensuite, traduisez les mots en anglais.

1	fabriquer	5	rechercher	9	pirater
2	lier	6	intimider	10	user
3	partager	7	supprimer	11	tenter
4	communiquer	8	plagier	12	radicaliser

B Trouvez dans les listes de vocabulaire au sujet de la cybersociété des mots qui appartiennent à la même famille que les substantifs ci-dessous. Ensuite, traduisez les mots en anglais.

1	l'information	5	le regret	9	la perte
2	le renseignement	6	le développement	10	l'escroc
3	le crime	7	l'obésité	11	la réalité
4	l'envahissement	8	la vulnérabilité	12	la distraction

C Écrivez des mots qui viennent de la même famille que chacun des verbes suivants. Combien de mots pouvez-vous trouver ? Cherchez dans un dictionnaire si vous en avez besoin.
Exemple : 3 s'aventurer : l'aventure, aventureux, aventurier, aventureusement

1	chatter	5	consulter	9	enquêter	13	rapprocher
2	se connecter à	6	se débrouiller	10	échanger	14	télécharger
3	s'aventurer	7	se documenter	11	importer	15	humilier
4	s'inscrire à	8	enregistrer	12	s'instruire	16	surveiller

D Enfin, écrivez des mots qui viennent de la même famille que les adjectifs ci-dessous. Cherchez dans un dictionnaire si vous en avez besoin.

1 simple
2 intelligent(e)
3 abusif (-ive)
4 calomnieux (-euse)

5 suspect(e)
6 déformé(e)
7 dommageable
8 effrayant(e)

9 isolé(e)
10 ouvert(e)
11 imprudent(e)
12 compromettant(e)

Useful websites

You will find other useful vocabulary on the topic of *La « cybersociété »* on the following websites:

www.lemonde.fr/technologies

http://technologies.lesechos.fr

www.science-et-vie.com/technos-et-futur

3 Le rôle du bénévolat

accueillir	to welcome
comprendre	to understand
la solidarité	solidarity
disponible	available
la disponibilité	availability
le bénévolat	voluntary work
faire du bénévolat	to do voluntary work
le/la bénévole	volunteer
l'étranger (m)	abroad
participer	to participate
alimenter	to feed
alimentaire	dietary
la nourriture	food
le bien-être	welfare
le/la chômeur (-euse)	unemployed person
le/la sans-abri ⎤ le/la SDF ⎦	homeless person
à la rue	on the street
le logement	accommodation
le quartier	neighbourhood, district
le droit	the right
être déprimé(e)	to be depressed
altruist(e)	selfless
être forcé(e) de	to be forced to
la marginalisation	marginalisation
souffrir	to suffer

3.1 Qui sont et que font les bénévoles ?

Who are charity workers and what do they do?

l'association (f) caritative ⎤ l'œuvre (f) caritative ⎦	charity
s'engager	to enrol
l'organisation (f) à but non lucratif	non-profit-making organisation
Action contre la Faim	Action Against Hunger
la Mie de Pain	French charity providing food and shelter for those in need

les Restos du Cœur	French charity supplying food, hot meals and shelter to those in need
le but	goal
la nécessité d'agir	the need to act
l'action (f) concrète	concrete action
actif (-ive) dans la société	active in society
une partie intégrante de la société	an integral part of society
le service civique	community service
anonyme	anonymous
le donateur	donor
faire un don	to make a donation
l'engagement (m)	commitment, investing
intervenir auprès de qqn	to intervene on behalf of sb
l'assistant(e) social(e)	social worker
les citoyens (m) du monde	citizens of the world
les pouvoirs (m) publics	public authority

aider autrui	to help others
apporter du soutien à qqn / soutenir qqn	to support sb
le soutien	support
apporter un accompagnement social	to give social support
apporter de l'assistance	to assist
défendre qqn	to defend/stand up for someone
s'entraider	to help one another
se préoccuper de	to worry about
lutter	to combat
battre contre	to fight against
la malnutrition	malnutrition
les maladies (f) évitables	avoidable illnesses
soigner les maladies	to cure illnesses
la distribution des médicaments	distribution of medicines
nourrir	to feed
les repas (m) gratuits	free meals
le centre d'hébergement / le foyer d'accueil / le refuge	shelter
héberger	to put up; to shelter
créer des liens	to forge/form bonds
l'exclusion (f) sociale	social exclusion
les zones défavorisées	deprived areas

restaurer	to restore
collecter des fonds	to raise money
sensibiliser	to raise awareness

le/la volontaire	volunteer
se porter volontaire	to volunteer
le volontariat	charity work
l'aptitude (f)	ability, aptitude
avoir de l'humour	to have a good sense of humour
la chose la plus essentielle	the most essential thing
l'esprit (m) de charité	charitable spirit
ne pas penser qu'à soi	to not think only of oneself
la gentillesse	kindness
le soutien psychologique	psychological support
le milieu social	social background
un outil de mobilisation	a motivational tool
rejoindre	to join
non rétribué(e) non rémunéré (e) sans rémunération non salarié(e)	unpaid
une ressource humaine essentielle	an essential human resource
la volonté	wish, desire; will

3.2 Le bénévolat : quelle valeur pour ceux qui sont aidés ?
Charity: how do recipients benefit?

l'amélioration (f) de la qualité de vie	improvement in the quality of life
l'appui (m)	support
l'assurance (f) médicale	medical insurance
l'attention (f) particulière	particular attention
parvenir à	to manage to
permettre à qqn de	to enable someone to
surmonter les problèmes	to overcome problems
le comportement	behaviour
avoir les moyens	to be able to afford
l'autonomie (f)	autonomy, independence
la dignité	dignity
le/la conseiller (-ère)	counsellor
l'écoute (f) réciproque	listening to each other
ne pas se sentir jugé(e)	to not feel judged

(identifier) les besoins	(to identify) needs
se prendre en charge	to take responsibility for oneself
réapprendre à vivre avec autrui	to learn to live with others again
réapprendre à communiquer	to learn to communicate again
redécouvrir la vie	to rediscover life
retrouver des repères	to find the way
trouver un équilibre	to find a balance

avoir tendance à	to tend to
le/la bénéficiaire	recipient
bénéficier de	to benefit from
bénéfique pour	beneficial for
découvrir les potentiels enfouis	to uncover buried potential
désormais	from now on
des enfants scolarisés	children provided with schooling
la guérison	recovery, healing
guérir	to cure
l'optimisme (m)	optimism
le/la participant(e)	attendee
l'insertion (f) professionnelle	integration into the world of work
mettre en œuvre	to put into place
reloger	to rehouse
réinsérer	to rehabilitate
une solution de logement durable	a lasting accommodation solution
la ressource	resource
l'eau (f) potable	drinking water
la stabilisation	stabilisation

à risque	at risk
chuter	to fall
rencontrer des difficultés	to run into difficulties
les (plus) défavorisés	the less fortunate
les démunis ⎤ les pauvres ⎦	poor people
les handicapés	disabled people
défavorisé(e)	underprivileged
démuni(e)	penniless
les enfants maltraités	mistreated children
être dans le besoin	to be in need
la détresse	distress
l'isolement (m)	isolation

la victime	victim
forcé(e) à travailler	forced to work
être victime d'une dépendance	to be dependent on something
vulnérable	vulnerable

dehors	outside
la méconnaissance	ignorance
la mortalité infantile	mortality in children
le pays en voie de développement	developing country
le poids	weight
souffrir de malnutrition	to suffer from malnutrition
mal nourri(e)	malnourished
au préalable	beforehand
le seuil de pauvreté	poverty line
en situation de crise	in a crisis situation
les situations de précarité	dangerous situations
supplémentaire	additional
l'urgence (f)	emergency
en cas d'urgence	in case of emergency
la valeur unique de chaque être humain	the unique value of each human being

3.3 Le bénévolat : quelle valeur pour ceux qui aident ?

Charity: what is the value for volunteers?

les compétences (f)	skills
acquérir de nouvelles compétences	to acquire new skills
développer/renforcer des compétences	to develop/reinforce skills
faire valoir ses compétences	to use/make the most of one's skills
se chercher	to try to find oneself
développer un projet	to develop a project
faire évoluer le regard des autres	to change the view of others
impliquer	to involve
l'initiative (f)	initiative
s'initier à	to learn about, gain an insight into
maintenir un lien social	to maintain social connections
mobiliser des compétences	to mobilise the expertise, to recruit skills
l'objectif (m)	goal, target, objective
poser sa candidature	to apply

le congé de solidarité	leave for employees to engage in charity work abroad
un instrument de développement personnel	an instrument for personal development
les projets accessibles à tous	projects that are accessible to all
promouvoir la cohésion sociale	to promote social cohesion
renouer les liens de solidarité	to re-establish solidarity
le Service Volontaire International	International Voluntary Service

l'altruisme (m)	altruism, selflessness
humain(e)	humane
la bienfaisance	charity
une démarche personnelle	a personal approach
une expérience individuelle	an individual experience
interculturel(le)	cross-cultural
la visibilité	visibility
pro-actif (-ive)	proactive
réduire	to reduce
les relations humaines	human relations
une société plus juste	a fairer society
une société plus pacifique	a more peaceful society
une société plus solidaire	a more united society
le témoignage	testimony, account
transformer des vies	to transform lives

accroitre le sentiment d'estime de soi-même	to increase one's sense of self-esteem
gagner de confiance en soi	to gain in self-confidence
apporter sa contribution à la collectivité	to contribute to the community
trouver sa place dans la société	to find one's place in society
au cœur de ⎫ au sein de ⎭	at the heart of
développer un esprit d'ouverture	to develop openmindedness
donner un sens à la vie	to give meaning to life
enrichissant(e)	enriching
gratifiant(e)	rewarding
la fraternité	brotherhood
s'investir	to invest oneself
le sentiment d'appartenance	feeling of belonging
se sentir utile	to feel useful

Strategy

It is important to know the gender of French nouns in order to ensure that your written and spoken language is correct. Keep these points in mind to help you to remember genders:

● Always learn a French word with its article.
● Remember that you can often work out the gender of plural nouns in sentences by looking for clues such as adjectival agreement, so try to learn vocabulary in context.
● Remember that some noun endings are generally masculine, e.g. -isme, and others are generally feminine, e.g. -ette, although there are exceptions to this rule.

A Connaissez-vous le genre de chacun des substantifs ci-dessous ? Écrivez *le* ou *la* chaque fois. Ensuite vérifiez dans les listes de vocabulaire. Apprenez les genres de ces mots par cœur !

1 .... bien-être
2 .... droit
3 .... nourriture
4 .... rue
5 .... soutien
6 .... centre
7 .... pouvoir
8 .... ressource
9 .... moyen
10 .... cohésion
11 .... guérison
12 .... service

B Quel est le genre de chacun des substantifs soulignés ? N'oubliez pas de regarder les adjectifs ainsi que les participes passés !

1 L'assurance médicale est couverte par l'association.
2 L'œuvre caritative pour laquelle il travaille se trouve à Londres.
3 Il y a trop d'enfants qui ont été maltraités.
4 N'oublions pas les nouvelles compétences qu'elle a acquises.
5 Ils offrent des repas gratuits.
6 Travailler dans des zones défavorisées peut être difficile.
7 Faire du bénévolat permet à bon nombre de gens de découvrir leur réel potentiel.
8 Pour certains, l'insertion professionnelle, c'est la chose la plus importante.

C Écrivez des substantifs tirés des listes de vocabulaire ci-dessus. Regardez leurs genres. Est-ce que chaque terminaison est typiquement féminine ou masculine ? Est-ce qu'il y a des exceptions à ces règles ?

1 Les substantifs qui se terminent en -(i)er
2 Les substantifs qui se terminent en -t, -et, -ment
3 Les substantifs qui se terminent en -isme
4 Les substantifs qui se terminent en -age
5 Les substantifs qui se terminent en -té

6 Les substantifs qui se terminent en -*e*
7 Les substantifs qui se terminent en -*(i)ère*
8 Les substantifs qui se terminent en -*(t)ion*

D Regardez les terminaisons de ces substantifs tirés des listes de vocabulaire ci-dessus et remplissez chaque blanc avec *le* ou *la*. Ensuite, vérifiez dans les listes de vocabulaire. Apprenez les genres de ces mots par cœur !

1 .... bénévolat
2 .... chômeur
3 .... disponibilité
4 .... logement
5 .... marginalisation
6 .... quartier

7 .... solidarité
8 .... foyer
9 .... donateur
10 .... mission
11 .... maladie
12 .... projet

Useful websites

You will find other useful vocabulary on the topic of *Le rôle du bénévolat* on the following websites:

www.servicevolontaire.org

www.restosducoeur.org

www.miedepain.asso.fr

www.msf.fr

Artistic culture in the French-speaking world

4 Une culture fière de son patrimoine

les beaux-arts	the arts
l'histoire (f)	history
de l'art	of art
de l'architecture	of architecture
du pays	of the country
le musée	museum
la conservation	conservation
assurer la sauvegarde de…	to ensure the protection of…
le bien collectif	communal asset
les vestiges du passé	traces of the past
restaurer	to restore
la remise en état	carrying out restoration
les travaux de restauration	restoration work
les travaux d'entretien	maintenance work
mettre en valeur	to enhance
la valorisation	enhancement
faire connaitre les richesses artistiques	to make people aware of artistic treasures
l'archéologie (f)	archeology
le site archéologique	archeological site
la fouille	architectural dig
le musée lapidaire	archeological museum
le musée de société	folk museum
l'écomusée (m)	ecomuseum
l'artefact (m)	artefact
l'artisan(e)	craftsman/woman
l'artisanat (m)	craftsmanship
l'antiquité (f)	antique
moyenâgeux (-euse)	from the Middle Ages
médiéval(e) (-aux/-ales)	medieval
les archives (f)	archives
le manuscrit	manuscript

4.1 Le patrimoine sur le plan national, régional et local

National, regional and local heritage

le patrimoine industriel	industrial heritage
le patrimoine bâti	architectural heritage
le monument historique	historic building
le style classique	Classical style
le style roman	Romanesque style
le style renaissance	Renaissance style
le style baroque	Baroque style
le style néo-classique	Neo-classical style
le lieu de culte	place of worship
l'église (f)	church
l'abbaye (f)	abbey
la basilique	basilica
la cathédrale	cathedral
le temple	temple/Protestant church
la chapelle	chapel
le monastère	monastery
le lieu de pèlerinage	pilgrimage site
le sanctuaire	sanctuary
le clocher	bell tower
le campanile	free-standing bell-tower
le cloitre	cloister
la nef	nave
la crypte	crypt
la tombe	tomb
le vitrail (-aux)	stained-glass window
la flèche	spire
le palais	palace
le château	stately home
le manoir	manor house
l'hôtel particulier	town mansion
la cour	courtyard
la citadelle	citadel
la forteresse	fortress
le château fort	castle
entouré d'un fossé	moated
les fortifications (f)	fortifications
les remparts (m)	ramparts

le pont-levis	drawbridge
le donjon	keep
l'oubliette (f)	dungeon
l'hôtel (m) de ville	town hall
le marché	market
la halle	covered market
le puits	well

le patrimoine artistique	artistic heritage
l'exposition (f)	exhibition
la peinture	painting
classique	Classical
romantique	Romantic
impressionniste	impressionist
le dessin	drawing
le portrait	portrait
la nature morte	still life
le paysage	landscape
la scène historique	historic scene
le peintre	painter
le/la portraitiste	portrait painter
le/la paysagiste	landscape painter
le/la sculpteur (-trice)	sculptor
la taille de pierre/marbre	stone-/marble-carving
la statue	statue
l'art (m) de la céramique	ceramics
l'art (m) du verre	glasswork
la poterie	pottery
la porcelaine	china
la joaillerie	art of the jeweller
l'orfèvrerie (f)	goldsmith
l'argenterie (f)	silversmith
la broderie	embroidery
faire de la dentelle	to do lace-making
la soierie	silk-making
la tapisserie	tapestry
le patrimoine mobilier	heritage of furniture making
la charpenterie	carpentry
la menuiserie	joinery
le meuble d'époque	item of period furniture

la littérature	literature
le poète	poet
le poème	poem
le romancier/la romancière	novelist
le roman	novel
la nouvelle	short story
le conte	story
le/la dramaturge	playwright
la pièce de théâtre	play
le/la philosophe	philosopher
la philosophie	philosophy
le compositeur/la compositrice	composer

le patrimoine rural	rural heritage
le site naturel classé	site of outstanding natural beauty
le site grandiose	magnificent site
la parc naturel régional	national park
l'environnement champêtre	field environment
l'environnement forestier	forest environment
l'environnement littoral	coastal environment
protéger les espèces animales/ végétales	to protect animal/plant species
la flore et la faune	flora and fauna
l'habitat naturel	natural habitat
l'écosystème (m)	ecosystem
la biodiversité	biodiversity

4.2 Comment le patrimoine reflète la culture
The way a culture is seen through its heritage

chercher un style national/régional	to seek a national/regional style
à travers les siècles	across the centuries
le retour aux sources	return to sources
remonter à ses origines	to go back to one's origins
se relier au passé	to form a link with the past
les témoignages du passé	testimonies of the past
des repères (m) indispensables	essential points of reference

le besoin d'ancrage	need to feel secure ties
le sentiment d'appartenance (à…)	feeling of belonging (to…)
l'ensemble des traits matériels	tangible characteristics as a whole
l'ensemble des traits spirituels	spiritual characteristics as a whole
l'ensemble des traits intellectuels	intellectual characteristics as a whole
l'ensemble des traits affectifs	emotional characteristics as a whole
les traits particuliers d'une région	characteristics peculiar to a region
la culture régionale s'exprime par :	regional culture is expressed through:
l'habitat (*m*)	dwellings
l'artisanat (*m*)	craftsmanship
le folklore	folklore
être révélateur de temps révolus	to reveal aspects of times past
le mode de vie de l'époque	way of life of the period
le style de l'époque	style of the period
les gouts de l'époque	tastes of the period

le patrimoine immatériel	intangible heritage
les arts du spectacle	performing arts
les traditions orales	traditions of the spoken word
la littérature orale	oral tradition
le dialecte	dialect
le parler local	local language
le conte	story
la légende	legend
le mythe	myth
la prière	prayer
la musique folklorique	traditional folk music
la chanson	song
le chant choral	choral singing
la danse	dance
la coutume	custom
les pratiques sociales	social practices
la croyance populaire	popular belief
le rite religieux	religious rite
un corps de savoir	a body of knowledge
le système de valeurs	system of values
la tradition culinaire	culinary tradition
la cuisine régionale	regional dishes
l'évènement (*m*) culturel	cultural event
le rituel festif	traditional festivity

Comment le patrimoine reflète la culture

le costume traditionnel	traditional dress
le patrimoine agricole	farming heritage
les techniques traditionnelles	traditional techniques

le patrimoine politique	political heritage
l'esprit républicain	republican spirit
la tradition révolutionnaire	revolutionary tradition
la tradition autoritaire	authoritarian tradition
la tradition parlementaire	parliamentary tradition
laisser des traces durables	to leave a lasting impression
ressurgir sous des formes différentes	to resurface in different forms
la démocratie	democracy
le besoin de manifester	need to demonstrate
l'enseignement (m) laïque	secular education

4.3 Le patrimoine et le tourisme

Heritage and tourism

attirer des visiteurs	to attract visitors
le flux de touristes	wave of tourists
les retombées du tourisme de masse	consequences of mass tourism
la bonification économique	economic improvement
la rentabilité économique	economic viability
le décollage économique	economic take-off
procurer des revenus substantiels	to get a substantial income
un secteur vital de l'économie locale	a vital part of the local economy
dynamiser un lieu	to put life into a place
faire reculer la pauvreté	to reduce poverty
enrayer l'exode rural	to slow down the exodus of country folk
créer des emplois	to create jobs
l'amélioration (f) de l'infrastructure	improvement in infrastructure
assurer la survie d'un monument	to guarantee the survival of a historic building
nourrir un sentiment de fierté au sein de la communauté	to foster pride among the local community

la surfréquentation	excessive number of visitors
l'effet (m) sur les gens du pays	effect on the locals
les effets néfastes	damaging effects
une menace d'ampleur	a significant threat

les couts sociaux	social costs
les couts culturels	cultural costs
le consumérisme insouciant	inconsiderate consumerism
l'appât (m) du gain à court terme	temptation of short-term gain
s'adapter pour en tirer profit	to adapt in order to make money
l'exploitation (f) des populations	exploitation of the locals
disloquer les communautés d'origine	to dislocate native communities
abandonner les savoir-faire traditionnels	to give up traditional skills
la marchandisation de l'exotisme	commercialisation of exoticism
la folklorisation des sociétés	turning communities into folklore shows
le risque de disparition de qqch	risk of sth disappearing
brader le patrimoine local	to sell local heritage down the river

provoquer des dégâts environnementaux	to cause environmental damage
la construction de complexes hôteliers	building of hotel complexes
l'urbanisation (f) sur des espaces naturels fragiles	building on fragile natural spaces
enlaidir	to make ugly
la dégradation des sites historiques	ruining historic sites
détourner les ressources naturelles	to divert natural resources
la surconsommation d'eau	excessive water consumption
les déchets (mpl)	rubbish
la pollution	pollution
l'érosion (f) du sol	soil erosion
perturber la faune et la flore	to disturb flora and fauna
mettre en péril les écosystèmes	to endanger ecosystems
bouleverser l'équilibre	to upset the balance

Useful websites

You will find other useful vocabulary on the topic of *Une culture fière de son patrimoine* on the following websites:

www.france.fr/fr/culture

www.culturecommunication.gouv.fr

Strategy

There are certain words which look as though they are likely to be masculine but are feminine, and vice versa. It is a good idea to keep a separate list of words which are 'surprisingly' masculine or feminine.

A Vérifiez dans les listes ci-dessus le genre de chacun des mots suivants :

1 .... campanile
2 .... costume
3 .... coutume
4 .... crypte
5 .... dialecte

6 .... équilibre
7 .... menace
8 .... monastère
9 .... musée
10 .... site

Strategy

There are pairs of words which can easily be confused. Some of them fall into the category of *faux amis* (see Section A34 on page 20 for a list of the most common ones). Once again, a separate list of these can usefully be kept.

B En étudiant le vocabulaire dans les listes ci-dessus, expliquez la différence entre les termes suivants :

1 abbaye et cathédrale
2 clocher et campanile
3 château et château fort

4 donjon et oubliette
5 halle et marché

Strategy

Families of words can be easily traced and memorised together. Whilst the noun linked to a verb may often have a conventional ending such as -*ment* or -*ion*, some are less predictable and should be carefully noted.

C Trouvez dans les listes ci-dessus le substantif qui correspond aux verbes suivants :

1 chanter
2 croire
3 couter
4 entretenir

5 fouiller
6 peindre
7 repérer
8 sauvegarder

5 La musique francophone contemporaine

la chanson	song
l'air (m)	tune
le chant	singing
le/la chanteur (-euse) / l'interprète (m/f)	singer
le/la producteur (-trice) de musique	music producer
le couplet	verse
le/la guitariste	guitarist
le/la batteur (-euse)	drummer
le tube	hit
l'album (m)	album
le concert	concert
le/la compositeur (-trice)	composer
le groupe	band/group
les paroles	words/lyrics
le refrain	chorus
télécharger	to download
exprimer ses émotions	to express one's emotions
la musique pop	pop music
la musique classique	classical music
la musique folk	folk music
la radio	radio
la station de radio	radio station

5.1 La diversité de la musique francophone contemporaine

Diversity of modern Francophone music

à la pointe	at the forefront, cutting edge
l'effet (m) de voix	voice/vocal effect
le genre musical	musical genre
les harmonies	harmonies
l'instrument (m)	instrument
la nouveauté	novelty
la rébellion	rebellion

une révolution musicale	a musical revolution
le rythme	rhythm
le style	style
le thème	theme
favoriser les mêmes thèmes	to favour the same themes
la tradition	tradition
faire passer un message	to get a message across
émouvante	moving
original(e)	original
la simplicité	simplicity
le pouvoir de mobilisation	the power of mobilisation
connaitre de nombreuses réincarnations	to know numerous reincarnations
une vraie industrie	a true/real industry
être remplacé(e) par	to be replaced by

alternatif (-ive)	alternative
la musique baroque	Baroque music
le bouyon	bouyon (mainly Dominican music of 1980s)
la chanson française	French song
la chanson réaliste	French songs reflecting the despair of real life
la chanson d'amour	love song
le/la chanteur (-euse) poète	poetic singer
la chorale	choir
le gwoka	Gwo ka (part of Guadeloupean folk music)
le jazz	jazz
le hip hop	hip hop
le mérengué/merengue	merengue
la music électronique	electronic music
politique	political
le slam	Slam
le raï	rai (music originating, and popular, in Algeria)
le rap	rap
le reggae	reggae
la techno	techno music
les yé-yé (*m/f*)	French pop singers of the 1960s
le mouvement yé-yé	*yé-yé* fever (1960s)
le vaudou	voodoo

le séga	Sega music (from Mauritius)
des styles musicaux uniques	unique musical styles
le zouk	Zouk music
provenir de	to come from
le troubadour	troubadour

une vague de musique africaine	a wave of African music
antillais(e)	West Indian
canadien(ne)	Canadian
le Cameroun	Cameroon
camerounais(e)	from Cameroon
la Côte d'Ivoire	Ivory Coast
ivoirien(ne)	from the Ivory Coast
le Mali	Mali
sénégalais(e)	Senegalese
le créole	Creole
québécois	from Quebec
haïtien(ne)	Haitian
la colonie	colony
la colonisation	colonisation
les groupes locaux	local bands
la langue locale	local language
les coutumes	customs
les traditions (f) anciennes	ancient traditions

l'authenticité (f)	authenticity
musicalement très riche	musically very rich
le mélange	mix
se concentrer sur les idées	to concentrate on ideas
critiquer le pouvoir	to criticise power
décrire le quotidien	to describe everyday life
dénoncer les injustices sociales	to denounce social injustice
transmettre des convictions	to pass on/communicate convictions
poser un regard ... sur	to take a ... look at
éclectique	eclectic
l'origine (f)	origin
l'influence (f)	influence
s'entremêler	intermingle
s'exprimer	to express oneself
informer	to inform

La diversité de la musique francophone contemporaine   61

connu(e)	known
les grands artists	big/great artists
le/la militant(e)	militant, activist, campaigner
poétique	poetic
essentiel(le)	essential

5.2 Qui écoute et apprécie cette musique ?

Who listens to and likes this music?

adopter	to adopt
diffuser	to play (music)
écouter	to listen
entendre	to hear
à la radio	on the radio
être à l'affiche	to be on the bill
la salle de concert	concert venue/hall, music venue
le club de jazz	jazz club
le stade	stadium
partir en tournée	to (go on) tour
jouer	to gig
le roadie	roadie

l'adepte (*m/f*) l'enthousiaste (*m/f*)	enthusiast
le/la mélomane	music lover
apprécier	to like, to appreciate
apprécié(e) par	appreciated by
les jeunes	young people
destiné(e) aux jeunes	aimed at young people
les adolescents	teenagers
le/la punk	punk rocker
le/la fan de gothique	Goth
s'éclater	to have a ball/great time
faire partie de	to belong to
la fierté	pride
s'identifier à	to identify with
trouver une identité	to find an identity
idolâtrer	to idolise
le comportement	behaviour

passionné(e)	passionate
les préférences musicales	musical preferences
suivre	to follow
la tendance	trend

affecter	to touch, affect
changer la vie de qqn	to change someone's life
connaitre un succès énorme	to know enormous success
se détendre	to relax
jouer un rôle important	to play an important role
plaire à	to please
cela me réchauffe le cœur de…	it warms my heart to…
rendre heureux (-euse) qqn	to make someone happy
rendre nostalgique qqn	to make someone nostalgic
une influence calmante	a calming influence
l'effet (*m*) néfaste	harmful effect
rêver d'un autre monde	to dream of another world
le sentiment	sentiment
stimuler les émotions	to stimulate emotions
subliminal(e)	subliminal

le/la consommateur (-trice)	consumer
le/la fan	fan
le festival	festival
les festivaliers	festival-goers
faire la fête	to party, to celebrate
le site d'hébergement de musique	music website
les générations successives	successive generations
les préférences différentes	different preferences
les gouts du moment	current tastes

son succès stimule l'économie	its success boosts the economy
créer des emplois	to create jobs
économiquement très bénéfique	economically very beneficial
l'usage (*m*) de la musique	the use of music

Qui écoute et apprécie cette musique ?

5.3 Comment sauvegarder cette musique ?

How can we save this music?

la loi Toubon	a law that states that 40% of music played by French radio stations must be in French
les nouveaux talents francophones	new francophone talent
permettre à des talents d'être connus	to allow talent to be heard
les nouvelles chansons (f) françaises	new French songs
passer (une chanson)	to play (a song)
la playlist	the playlist
le quota	quota
remplir le quota	to fulfil the quota
obligatoire	compulsory
le pourcentage	percentage
représenter	to represent
sous-représenté(e)	under-represented
respecter/appliquer les règles	to respect/apply the rules
se servir de	to use
imposer	to impose

le festival de musique	music festival
les Francofolies	music festival celebrating francophone music
Festa 2h	a festival that takes place in Dakar to celebrate francophone rap music
florissant(e)	flourishing
se faire une réputation	to build a reputation for oneself
chanter en français	to sing in French
produire des disques entièrement en français	to make records entirely in French
faire une carrière entièrement francophone	to make an entirely French-based career
les génies de la chanson francophone	geniuses of French song
les stars (f) nationales	national stars
l'idole (f)	idol
valoriser	to increase the status of
fêter la musique francophone	to celebrate French music
célébrer la francophonie	to celebrate the French-speaking world
accueillir les chanteurs francophones	to welcome French-speaking singers
révéler les jeunes talents	to reveal young talent

protéger	to protect
propulser sur la scène internationale	to propel onto the world stage

s'adapter à	to adapt to
s'égarer	to lose one's way
être en concurrence avec	to be in competition with
la musique anglophone/américaine	anglophone/American music
les chanteurs (-euses) populaires anglophones	popular anglophone singers
une préférence pour l'anglais	a preference for English
être menacé(e)	to be threatened
évoluer	to evolve
l'ordre (*m*) de préférence	order of preference
la mondialisation	globalisation
la situation s'améliorera-t-elle ?	will the situation improve?
survivra-t-elle ?	will it survive?
se tourner vers	to turn to
en voie de disparition	on the road to extinction
le bilan	outcome, toll

cherchons une solution	let's look for a solution
réfléchissons	let's consider
promouvoir certaines formes musicales	to promote certain types of music
l'attitude (*f*)	attitude
l'efficacité (*f*)	efficiency
être courageux (-euse)	to be brave
appliquer des concepts nouveaux	to apply new concepts
viser	to aim at
la liste de recommandations	list of recommendations
négocier	to negotiate
discuter avec YouTube	to discuss with YouTube
vendre plus d'albums	to sell more albums
rapprocher les jeunes	to draw in young people
au niveau régional	at a regional level
au niveau national	at a national level
c'est une histoire à suivre	watch this space

Comment sauvegarder cette musique ?

Strategy

In order to learn and extend your vocabulary, it is useful to be aware of true cognates (*les mots apparentés*), which mean the same thing in English and French, e.g. *la solution* (solution), and near cognates (*les mots presque apparentés*), which mean the same or have an associated meaning but have a slightly different spelling, e.g. *un effet* (an effect). However, beware of false cognates (*les faux amis*), which look similar to English words but mean something very different, e.g. *attendre* ('to wait' and not 'to attend').

A Lesquels de ces mots, tirés des listes de vocabulaire ci-dessus sont des mots apparentés (ou presque apparentés) et lesquels sont de faux amis ? N'oubliez pas que certains mots changent de sens selon le contexte. Traduisez les faux amis en anglais.

1 la situation	7 le chant
2 l'influence	8 le talent
3 l'air	9 le tube
4 national	10 la tradition
5 la tendance	11 le style
6 l'attitude	12 militant

B Maintenant, faites une liste de dix autres mots apparentés tirés des listes de vocabulaire.

C Faites une liste de tous les autres faux amis tirés des listes de vocabulaire.

D Faites une liste de dix autres mots presque apparentés tirés des listes de vocabulaire.

E Connaissez-vous d'autres mots apparentés ou d'autres faux amis ? Faites-en une liste.
   Exemples de faux amis : ancien (*former*), actuellement (*currently*)

Useful websites

You will find other useful vocabulary on the topic of *La musique francophone contemporaine* on the following websites:

www.lemonde.fr/musiques

https://fetedelamusique.culturecommunication.gouv.fr

http://francefestivals.com/fr

6 Cinéma : le septième art

le grand écran	big screen
le multiplexe	multiscreen cinema
tourner un film	to make a film
mettre un film à l'affiche	to release a film
la sortie en salle	release
la première	premiere
passer un film	to show a film
être à l'affiche	to be showing
les dernières sorties	latest releases
la maison de production	production company
le producteur/la productrice	producer
le réalisateur/la réalisatrice	director
le/la cinéaste	director
la mise en scène	direction, staging
le/la scénariste	scriptwriter
le scénario	screenplay
le script	script
l'intrigue (f)	plot
doubler	to dub
en version française	dubbed in French
en version originale	in the original language
en noir et blanc	in black and white
sous-titré	subtitled
l'attribution (f) des rôles	casting
la distribution	list of performers
l'acteur (-trice) (principal(e))	(lead) actor/actress
le/la star	star
la vedette	star
jouer un rôle (secondaire)	to play a (supporting) role
jouer un rôle de figurant	to have a walk-on part
représenter	to portray
la bande annonce	trailer
remporter un succès critique	to be well reviewed
le blockbuster	blockbuster
faire un grand succès auprès du public	to be a big hit
le financement	financial backing
le cout de production	production cost

6.1 Pourquoi le septième art ? *Why the seventh art?*

reconnaitre le cinéma comme forme d'art	to recognise cinema as an art form
une synthèse des arts	a synthesis of the arts
intégrer les cinq éléments artistiques :	to bring together the five elements of art:
le langage	language
le son	sound
l'image (f)	image
le mouvement	movement
l'interactivité (f)	interplay
remuer la poitrine humaine	to stir the human breast
agiter l'esprit humain	to move the human spirit
renseigner l'homme sur l'humain	to inform about what is human
avoir un intérêt d'ordre culturel	to have cultural significance
avoir un intérêt d'ordre social	to have social significance
avoir un intérêt d'ordre moral	to have moral significance
avoir un intérêt d'ordre politique	to have political significance
porter un jugement moral	to make a moral judgement
refléter les mœurs du temps	to reflect the manners and customs of the age
représenter la société dans sa diversité	to show society in all its diversity
refléter l'évolution de la société	to reflect changes in society
prendre à bras-le-corps la réalité	to embrace reality
l'observation (f) du quotidien	observation of everyday life
l'évasion (f)	escapism
la création d'un monde imaginaire	creation of an imaginary world
le féerique	the magical
le fantastique	the fantastical
un film vous aide à mieux comprendre…	a film helps you to understand better…
un film suscite	a film provokes
le rire	laughter
la peur	fear
l'horreur (f)	horror
l'angoisse (f)	anguish
l'admiration (f)	admiration
la pitié	pity
l'indignation (f)	indignation

le scandale	scandal
la colère	anger

6.2 Le cinéma : une passion nationale ?

Cinema: a national passion?

faire partie de l'identité nationale	to be a part of the national identity
la salle de cinéma ⎫ la salle obscure ⎭	cinema
le cinéphile	film buff
ce qui détermine le choix du spectateur	what determines the cinema-goer's choice
la campagne d'affichage	poster campaign
toucher un public populaire	to make contact with ordinary people
captiver les foules	to captivate the masses
être attiré par	to be attracted by
le sujet	the subject matter
le genre	the type of film
la distribution	the cast
la bande-annonce	the trailer
vivre des moments d'émotion	to experience moments of emotion
avoir sa dose d'adrenaline	to get the adrenaline going
s'évader du quotidien	to escape from everyday life
être transporté(e) hors de la réalité	to be lifted out of real life
visionner	to see a film
en solitaire	alone
en famille	with the family
en amis	with friends
en couple	with your partner

le film d'action	action film
d'animation	cartoon
d'aventures	adventure film
biographique	biopic
catastrophe	disaster film
comique	comedy
de cap et d'épée	cloak-and-dagger film
documentaire	documentary
d'épouvante	horror film
d'espionnage	spy film

de guerre	war film
de monstres	monster film
muet	silent film
policier	detective film
de science-fiction	science fiction
de suspense	thriller
interdit aux moins de 18 ans	over-18 film
le polar	whodunnit
la comédie dramatique	drama
le western	western
la cascade	stunt

6.3 Évolution du cinéma : les grandes lignes
Outline of the evolution of cinema

l'invention (f) des images qui bougent	invention of moving pictures
susciter un extraordinaire enthousiasme	to generate extraordinary enthusiasm
ébahir le public	to astound people
capter le réel	to capture real life
le cinéma muet	silent films
l'apogée (m) du cinéma muet	golden era of silent films

l'avènement (m) du parlant	arrival of talking pictures
l'avant-garde (f) surréaliste des années vingt	surrealist avant-garde of the 1920s
faire du cinéma un art subversif	to turn cinema into a revolutionary art form
chercher à	to seek to be
provoquer	provocative
innover	innovative

le réalisme poétique des années trente	poetic realism of the 1930s
le premier grand courant du cinéma parlant	the first main movement of talking pictures
l'apogée (f) du courant réaliste	high point of the realist movement
refléter l'état d'âme du peuple français	to reflect the state of mind of the French nation
aborder la psychologie des personnages	to deal with the psychology of the characters

des films concentrés sur l'idée de la ville	films focusing on the notion of the city
des personnages populaires	working-class characters
des personnages maudits	characters with a curse on them
des personnages marqués par le destin	characters branded by fate
le paria	outcast
mettre en évidence l'enjeu dramatique	to focus on the dramatic aspect
la parole devient le centre d'attention	the spoken word becomes the centre of attention
l'artifice (m) des décors	ingenious effect of scenery
des rues brumeuses	misty streets
baigner dans une sorte d'entre-deux	to be bathed in a kind of twilight
la lumière en clair obscur	chiaroscuro
la guerre de 1939-1945 a apporté la censure	the 1939–45 war brought censorship
la production a été soumise à un contrôle permanent	production was subjected to ongoing controls
se réfugier dans	to take refuge in
le cinéma d'évasion	escapist films
les films historiques	historical films

le cinéma d'après-guerre	post-war cinema
l'uniformisation (f) de l'offre	standardisation of films on offer
négliger l'aspect artistique	to neglect the artistic aspect
l'adaptation (f) littéraire	adaptation of a novel or play
le film en costumes	costume drama
être dépourvu	to be lacking
de créativité	in creativity
d'originalité	in originality

la Nouvelle Vague	the New Wave
s'opposer aux traditions	to stand against traditions
bousculer les règles	to shake up the rules
être en rupture radicale avec le passé	to make a radical break with the past
revoir tous les fondements du cinéma	to revise all the basic principles of cinema
la liberté de ton	freedom of tone
l'insouciance (f)	carefree attitude
apporter un vent de liberté	to bring a breath of freedom
traduire les mouvements de société	to interpret changes in society
les transformations (f) du modèle familial	changes in the family model

Évolution du cinéma : les grandes lignes

des héros jeunes et contemporains	young, modern heroes
des héros en quête d'indépendance	heroes in search of their independence
des héros indifférents à la société	heroes who don't care about society
des héros en quête d'amour	heroes looking for love
des techniques cinématographiques révolutionnaires	revolutionary cinematographic techniques
les décors ont un pouvoir symbolique	scenery has a symbolic significance

- -

le manque	lack
d'ambition	of ambition
de films de genre	of genre films
d'originalité	of originality
de prise de risques	of risk-taking
le conformisme	conventionality
l'uniformité (f) de la mise en scène	uniformity of directing style
ne produire que drames et comédies	to produce nothing but dramas and comedies
miser sur un succès passé	to put money on past success
le scénario générique	conventional script
des personnages caricaturaux	characters who are caricatures
un cinéma peu diversifié	a cinema with little variety
le style formaté	predictable style
peiner à offrir de la diversité	to have difficulty in offering variety
les jeunes cinéastes se heurtent à un cercle fermé	young film-makers come up against a closed circle
comment faire s'effondrer ce cercle ?	how to break up this circle?
comment changer les mentalités ?	how to change attitudes?
un public qui manque d'audace	an audience which lacks bravery

- -

la marginalisation du cinéma	marginalisation of cinema
le déplacement des spectateurs vers le petit écran	audiences moving to the small screen
cohabiter avec la télévision	to coexist with television
un concurrent redoutable	a fearsome competitor
la diminution du nombre de salles de quartier	reduction in the number of local cinemas
le développement des réseaux câblés	development of cable networks
les droits de diffusion	broadcasting rights
le film grand public	commercial film
le film rentable	money-making film
le coffret DVD	box set
la toute-puissance des chaines télévisées	absolute power of television channels

la chaine péage	pay channel
la série télé culte	cult television series
la télé connectée	television with internet connection
le service de télévision en streaming	streaming services
pouvoir regarder des programmes à la demande	to be able to watch programmes on demand
le gavage télévisuel	binge watching

le film d'auteur	arthouse film
le cinéma d'art et d'essai	arthouse cinema
diffuser des films indépendants	to screen independently made films
le film à petit budget	low-budget film
lutter contre les stéréotypes	to fight against stereotyping
sortir de l'ordinaire	to get away from the ordinary
mettre en valeur des acteurs inconnus	to expose the worth of unknown players
donner la parole à des cinéastes hors radar	to give expression to little-known film-makers
enrichir le cinéma français	to enrich French cinéma
transmettre certaines valeurs	to convey certain values
faire exploser les mentalités	to change radically people's way of thinking
les réalisateurs ambitieux s'exportent	ambitious directors go abroad
réaliser ses fantasmes ailleurs	to bring one's dreams to life elsewhere

le passage de la pellicule au numérique	transition from reel to digital
la projection numérique	digital screening
les effets spéciaux	special effects
les images (f) de synthèse	computer-generated images
des films d'animation de plus en plus réalistes	increasingly realistic cartoons
une industrie en pleine forme	a flourishing industry
connaitre une forte reprise	to become much more popular
afficher une belle santé	to look very healthy
une affluence record	a record number of attendances
la progression des investissements étrangers	increase in foreign investment
la coproduction internationale	international coproduction
conquérir le marché international	to win over the international market
redevenir le pionnier mondial	to return to being the world leader

Strategy

A good dictionary is indispensable. Very small ones can lead you astray, as can online translation websites. Use your dictionary to answer sections A and B below.

A   Il est facile de confondre des mots similaires mais qui n'ont pas le même sens. Pour chaque mot tiré des listes ci-dessus il y a un mot similaire. Cherchez la différence entre les deux.
1   le langage
     la langue
2   le son
     le bruit
3   le personnage
     le caractère
4   la parole
     le mot
5   les fondements
     la fondation

B   Certains mots dans les listes ci-dessus peuvent avoir un sens totalement différent dans un autre contexte. Mettez chaque mot dans un contexte différent et traduisez l'expression en anglais.
   Exemple : campagne (= *campaign*)
   La campagne est plus calme que la ville. (*The countryside is quieter than the town.*)
1   tourner   5   réaliser
2   passer   6   afficher
3   doubler   7   aborder
4   toucher

C   Trouvez dans les listes ci-dessus les substantifs qui correspondent aux verbes suivants :
1   sortir   5   déplacer
2   financer   6   diminuer
3   s'évader   7   développer
4   prolonger   8   manquer

Section B   Cinéma et littérature

l'auteur(e)	author
le romancier/la romancière	novelist
la nouvelle	short story
le roman	novel
le récit/le conte	story
l'ouvrage (*m*)	work
le/la dramaturge	playwright
la pièce de théâtre	play
le poète	poet
le poème	poem
la poésie	poetry
le recueil	collection (of poems/stories)
la maison de production	production company
le producteur/la productrice	producer
le réalisateur/la réalisatrice	director
le cinéaste	director
le spécialiste du genre	specialist in this type of film
la mise en scène	direction, staging
le plateau	set
le/la scénariste	scriptwriter
le scénario	screenplay

B1 L'intrigue   *The plot*

l'intrigue (*f*) se déroule…	the plot unfolds…
s'inspirer de…	to get an idea/inspiration from…
le sujet de prédilection	favourite subject
l'idée (*f*) de départ	initial idea
traiter de	to deal with
il s'agit de…	it's about…
le récit autobiographique	account of the author's own life
le déroulement d'une vie	way a life unfolds
les souvenirs d'enfance	childhood memories
l'agonie (*f*) et la mort	the approach of death and death itself
raconter (en détail)	to recount (in detail)
le récit historique	historical narrative
l'histoire (*f*) de guerre	war story

l'histoire d'amour	love story
l'histoire d'aventures	adventure story
l'enquête policière	criminal investigation
la science-fiction	science fiction
le drame mondain	social drama
représenter	to portray
signifier	to mean
la signification	meaning; importance
le protagoniste	protagonist
jouer un rôle majeur	to play a major part
jouer un rôle décisif	to play decisive part
le développement	development
faire avancer l'histoire	to move the story on
tout au long du film/roman	right through the film/novel
la série de quiproquos	series of misunderstandings
le rebondissement de l'intrigue	twist in the plot
le dénouement	outcome

B2 La qualité / *Quality*

analyser	to analyse
éclaircir	to explain, to clarify
l'éclaircissement (*m*)	explanation, clarification
dégager	to bring out
l'idée maitresse	the main idea
la morale	the moral
évaluer	to evaluate
porter un jugement sur…	to make a judgement on…
le chef-d'œuvre	masterpiece
remporter un grand succès	to be a big hit
être parmi les meilleures ventes	to be a best-seller
gagner des prix	to win awards
une œuvre de génie	a work of genius
une œuvre parfaite en son genre	a model of its kind
une œuvre d'une grande portée	a highly significant work
faire une forte impression	to make a strong impression
capturer l'ambiance de l'époque	to capture the feel of the period
impressionnant(e)	impressive
passionnant(e)	thrilling
effrayant(e)	frightening
fascinant(e)	fascinating

hilarant(e)	hilarious
plein(e) d'esprit	full of wit
émouvant(e)	moving
déroutant(e)	disturbing
l'histoire	the story
vous tient en haleine	grips you
suscite la réflexion	is thought-provoking
est bien ficelée	is well put together
déborde d'humour	overflows with humour
est triste à pleurer	moves you to tears
ennuyeux (-euse) (à mourir)	(deadly) boring
décevant(e)	disappointing
trop compliqué(e)	too complicated
difficile à suivre	difficult to follow
atroce	atrocious
prétentieux (-euse)	pretentious
répétitif (-ive)	repetitive
débile	feeble, stupid
fade	insipid
un navet	worthless work
le verbiage	verbosity
les lieux communs	clichés
la niaiserie	silliness
le manque de clarté	lack of clarity
susciter	to provoke
le rire	laughter
la peur	fear
l'horreur (f)	horror
l'angoisse (f)	anguish
l'admiration (f)	admiration
la pitié	pity
l'indignation (f)	indignation
le scandale	scandal
la colère	anger

B3 Le contexte — *Context*

refléter	to reflect
évoquer	to evoke
l'évènement (m) historique	historic event
un moment dans le passé	a time in the past

une œuvre de circonstance	a work prompted by specific events
un certain milieu social	a certain social environment
la vie quotidienne	daily life
le cadre	setting
exotique	exotic
luxueux (-euse)	luxurious
élégant(e)	elegant
urbain(e)	urban
rural(e)	rural
sauvage	wild
sordide	sordid
être lié(e) à un endroit particulier	to be linked to a particular place
la ville animée	lively town
la ville provinciale (endormie)	(sleepy) provincial town
la banlieue	suburb
la cité de banlieue	suburban estate of blocks of cheap flats
les bas quartiers	slums
le bidonville	shanty town
le taudis	hovel
le village isolé	isolated village
le coin perdu	remote spot
le port de pêche	fishing port
l'ile (f)	island
en mer	at sea
en montagne	in the mountains

le milieu	world of
aristocratique	the aristocracy
mondain	the upper classes
aisé	the comfortably off
bourgeois	the middle classes
petit-bourgeois	the lower middle classes
politique	politicians
ecclésiastique	the Church
policier	the police
juridique	lawyers
commercial	traders
industriel	factory workers
ouvrier	the working classes
campagnard	country folk
militaire	the military

maritime	the seafaring community
scolaire	school
pénitentiaire	prison

l'ambiance du cadre est :	the atmosphere of the setting is:
agréable	pleasant
chaleureuse	warm
décontractée	relaxed
sombre	dark
mélancolique	melancholy
lourde	heavy
étouffante	stifling
tendue	tense
menaçante	threatening
angoissante	harrowing
malsaine	unhealthy
violente	violent

B4 Les thèmes
Themes

développer un thème	to develop a theme
la saga familiale	family saga
un thème controversé	a controversial theme
le bien et le mal	good and evil
l'idéal (*m*) inaccessible	unattainable ideal
l'absurdité (*f*) de la vie	absurdity of life
la vacuité (*f*) de la vie	emptiness of life
être manipulé(e) par le destin	to be buffetted by fate
la recherche de la vérité	search for truth
le conflit entre pragmatisme et idéalisme	conflict between pragmatism and idealism
la lutte entre les classes sociales	class struggle
l'engagement (*m*) politique	political commitment
la solidarité	solidarity
la fin justifie-t-elle les moyens ?	does the end justify the means ?
le compromis	compromise

l'évènement (*m*) historique	historic event
la guerre franco-prussienne	Franco-Prussian War
la Première Guerre mondiale	First World war
la Seconde Guerre mondiale	Second World War

l'Occupation (f)	the Occupation (of some of the French territory by the Germans during WWII)
l'antisémitisme (m)	antisemitism
la collaboration	collaboration (with the enemy)
les effets de la guerre	effects of war
la tentative de fuite	attempt to escape
la trahison	betrayal
la déportation	deportation
l'extermination (f)	extermination
la crise politique	political crisis

la critique sociale	critique of society
le mode de vie	way of life
les mœurs bourgeoises	middle-class way of life
la culture urbaine	urban culture
le rôle de la femme	the role of women
l'émancipation féminine	female emancipation
l'exclusion sociale	social exclusion
la déchirure sociale	rift in society
la pauvreté	poverty
la fracture sociale le fossé entre les riches et les pauvres	gap between rich and poor
la révolte contre l'injustice	revolt against injustice
les stéréotypes nationaux	national stereotypes
l'identité culturelle	cultural identity
l'aliénation (f)	alienation
l'attitude (f) envers les minorités	attitude towards minorities
le racisme	racism
la xénophobie	xenophobia (hatred of foreigners)
le préjugé	prejudice
le manque de respect	lack of respect
la jeunesse désabusée des cités	disillusioned youths from the suburban estates
la délinquance	delinquency
les comportements anti-sociaux	antisocial types of behaviour
la criminalité des rues	street crime
les rapports avec les forces de l'ordre	relations with the forces of law and order
le système judiciaire	the legal system
la vie carcérale	life in prison
la brutalité de la police	police brutality

l'évolution (f) psychologique	psychological development
l'enfance (f)	childhood
la naïveté	innocence
l'adolescence (f)	adolescence
se heurter à	to come up against
la perte de l'enfance	loss of childhood
le passage de l'enfance à l'adolescence	transition from childhood to adolescence
l'affrontement (m) de l'âge adulte	confrontation with adulthood
la quête de l'identité	search for one's identity
la frustration	frustration
la vulnérabilité	vulnerability
la précarité	instability
la vitalité dans l'adversité	being proactive in adversity
trouver ses repères	to find one's points of reference
le moyen d'évasion	means of escape
élargir son horizon	to broaden one's horizons

les rapports humains	relationships
l'amitié (f)	friendship
se lier d'amitié avec	to establish a friendship with
l'amour naissant	first feelings of love
le coup de foudre	love at first sight
être (follement) amoureux (-euse) de	to be (madly) in love with
l'histoire (f) d'amour	love story
le triangle amoureux	love triangle
tromper	to deceive, to be unfaithful to
la déception amoureuse	disappointment in love
l'amour (m) illicite	illicit love
la jalousie	jealousy
la rivalité entre…et…	rivalry between…and…
la haine	hatred
la désillusion	disillusionment
le refroidissement	cooling of relations
la vengeance	revenge
le règlement de comptes	settling of scores
la culpabilité	sense of guilt
le remords	remorse
le rapprochement	reconciliation

l'héroïsme (guerrier)	heroism (in war)
le courage	courage
le sacrifice personnel	personal sacrifice
la cruauté	cruelty
l'égoïsme (*m*)	selfishness
l'escroquerie (*f*)	fraud
l'hypocrisie (*f*)	hypocrisy
indifférence (*f*)	indifference
la lâcheté	cowardice
le manque d'imagination	lack of imagination
l'orgueil (*m*)	arrogance
la suffisance	complacency

B5 Les personnages — *Characters*

le personnage principal	main character
le personnage secondaire	secondary character
l'évolution (*f*) du personnage	development of the character
s'identifier avec…	to relate to…
le caractère	personality
le comportement	behaviour
avoir une attitude positive/négative envers…	to have a positive/negative attitude towards…
faire preuve de…	to show… (a quality, attitude)
une volonté indémontable	an indestructible willpower
agir de bonne foi	to act in good faith
le scélérat	scoundrel
le héros hors la loi	outlaw hero
la victime	victim

ambigu/ambigüe	ambiguous
attachant(e)	engaging
audacieux (-euse)	daring
aventureux (-euse)	adventurous
bienveillant(e)	kindly
charismatique	charismatic
combatif (-ive)	combative
conformiste	conformist
courageux (-euse)	brave

débrouillard(e)	resourceful, able to cope
dévoué(e)	devoted
drôle	funny
dynamique	dynamic
énergique	energetic
engagé(e)	committed
entreprenant(e)	enterprising
fidèle	faithful
habile	skillful
inoubliable	unforgettable
malin (-igne)	clever
obstiné(e)	obstinate
original(e)	eccentric
pondéré(e)	reflective
pragmatique	pragmatic
résolu(e)	determined
rigolo (-ote)	amusing
rusé(e)	cunning
séduisant(e)	seductive
talentueux (-euse)	talented
tenace	tenacious

arriviste	ruthlessly ambitious
autoritaire	authoritarian
avare	miserly
bagarreur (-euse)	inclined to pick a fight
borné(e)	narrow-minded
capricieux (-euse)	temperamental
coléreux (-euse)	bad-tempered
complexé(e) par...	hung up about
égocentrique	egocentric
grossier (-ière)	vulgar
hypocrite	hypocritical
immature	immature
imprévisible	unpredictable
imprudent(e)	unwise
inculte	uneducated
indécis(e)	indecisive
influençable	easily influenced

Les personnages

irresponsable	irresponsible
malhonnête	dishonest
maniaque	obsessive
manipulateur (-euse)	manipulative
méchant(e)	nasty
mesquin(e)	small-minded
orgueilleux (-euse)	arrogant
prétentieux (-euse)	prententious
ringard(e)	old-fashioned
sournois(e)	sly
vaniteux (-euse)	vain

B6 Les techniques / *Techniques*

utiliser	to use
avoir recours à	to have recourse to
exploiter	to exploit
évoquer	to evoke
peindre d'après nature	to depict life as it is
faire ressentir une atmosphère	to make people feel the mood
satiriser	to satirise
représenter l'âpre vérité	to depict the harsh truth
dépayser le lecteur/le spectateur	to take the reader/spectator into another world
la couleur locale	local colour
l'aspect (*m*) symbolique d'un lieu	symbolic aspect of a place
idéaliser	to idealise
imaginaire	imaginary
(ir)réel	(un)real
la puissance d'imagination	imaginative power
l'état initial	state of affairs at the outset
l'ordre (*m*) chronologique	chronological order
le retour en arrière	flashback
créer du suspense	to create suspense
l'évènement modificateur	event which changes the course of (sth)
le rebondissemnt	twist in the plot
le coup de théâtre	dramatic turn of events
le rebondissement (heureux)	(happy) turn of events
le dénouement (imprévu)	(unexpected) outcome

le narrateur-personnage	first-person narrator
le narrater qui raconte à la troisième personne	third-person narrator
le narrater invisible	invisible narrator
l'obervation (f)	observation
la précision	precision
la descripion détaillée/vive	detailed/vivid description
le langage employé	use of language
la métaphore	metaphor
la comparaison / l'analogie (f)	simile
créer des personnages attachants	to create engaging characters
le portrait saisissant	striking character depiction
les qualités physiques	physical attributes
les qualités morales	moral attributes
les gestes significatifs	meaningful gestures
les costumes (m)	costumes
l'expression (f) du visage	facial expression
la façon de parler	way of speaking
le récit saisissant	striking narrative
le foisonnement d'idées	wealth of ideas
le style net/clair	clear style
le style imagé	style full of imagery
l'ironie mordante	biting irony

....

tourner un film	to shoot a film
les techniques visuelles	visual techniques
le noir et blanc	black and white
la séquence d'ouverture	opening sequence
la prise de vue	take
le plan	shot
le plan d'ensemble	long shot
le plan fixe	static shot
le grand angle	wide angle
le gros plan (de visage)	(facial) close-up
zoomer	to zoom in
l'effet (m) de panoramique	panning effect
le cadrage	framing
survoler	to fly over
la vue de dessus	bird's eye view
la contre-plongée	view from below

Les techniques

la caméra à la main	hand-held camera
le travelling	tracking
en extérieur	on location
l'ambiance (f) du lieu de tournage	atmosphere of the location
l'effet (m)	effect
du climat	of the climate
des conditions météorologiques	of the weather
l'éclairage (m)	lighting
le langage	way of speaking
le verlan	words put back to front
le dialogue spontané	spontaneous dialogue
le dialogue improvisé	improvised dialogue
le ton	tone
la bande sonore	soundtrack
le bruitage	sound effect
le mixage	sound mixing
la voix off	voiceover
l'effet (m) du silence	effect of silence
l'emploi (m) de musique	use of music
la musique renforce la situation	music accentuates the situation
le truquage	special effect
le montage	editing
les effets de montage audacieux	bold effects of editing

See pages 67–73 for more vocabulary related to cinema.

Useful websites

You will find other useful vocabulary on *Cinéma et littérature* on the following website:

https://fr.wikipedia.org/wiki/cinéma

Strategy

In many cases, the links between related verbs, adjectives and nouns are straightforward, e.g. *imaginer, l'imagination, imaginaire*. The lists in this section have a number of less obvious ones which need to be noted.

A Trouvez dans les listes ci-dessus les substantifs qui correspondent aux verbes suivants :
1 mettre en scène
2 se dérouler
3 signifier
4 manquer
5 rechercher
6 tenter
7 trahir
8 déchirer
9 perdre
10 repérer
11 décevoir
12 prouver
13 retourner
14 employer

B Trouver dans les mêmes listes les adjectifs qui correspondent aux substantifs suivants :
1 le luxe
2 le monde
3 la police
4 la mer
5 l'école
6 l'audace
7 le talent
8 l'avarice
9 la colère
10 la vanité

7 Les aspects positifs d'une société diverse

les mouvements migratoires	shifts of population
le/la ressortissant(e)	expatriate
être originaire de…	to come from…
le pays d'origine	country of origin
le pays d'adoption	adopted country
le territoire d'outre-mer	overseas territory
le demandeur d'asile	asylum seeker
le/la réfugié(e)	refugee
chercher un meilleur niveau de vie	to seek a better standard of living
fuir la misère	to flee poverty
fuir la persécution	to flee persecution
avoir des attaches familiales	to have family ties
se regrouper	to get back together
le regroupement familial	family being reunited
la terre d'accueil	host country
être admis au titre de…	to be admitted as…
travailleur (-euse) immigré(e)	an immigrant worker
réfugié(e) politique	a political refugee
l'élargissement (*m*) de l'Union européenne	expansion of the European Union
la liberté	freedom
de circuler	to move around
d'installation	to settle
la minorité ethnique	ethnic minority
l'Arabe (*m/f*)	Arab
l'Africain(e)	African person
le/la Maghrébin(e)	North African
le/la Chinois(e)	Chinese person
le/la chrétien(-nne)	Christian
le/la musulman(e)	Muslim
le/la juif (-ive)	Jew
le mariage mixte	mixed marriage

le métissage	interracial unions
le multiculturalisme	multiculturalism
le brassage des	the intermixing of
genres	kinds of people
cultures	cultures
modes de vie	ways of life

7.1 L'enrichissement dû à la mixité ethnique

Enrichment due to the mix of ethnic backgrounds

les bénéfices surpassent les inconvénients	the benefits outweigh the difficulties
avoir des retombées positives	to have positive consequences
offrir une mine de possibilités	to offer a wealth of opportunities
l'enrichissement culturel	cultural enrichment
apporter une variété de perspectives	to bring a variety of perspectives
points de vue	points of view
connaissances	knowledge
compétences	skills
le partage des	sharing of
valeurs	values
savoirs	areas of knowledge
savoir-faire	know-how
contribuer	to contribute
au dynamisme culturel	to cultural dynamism
à l'activité économique	to economic activity
au marché du travail	to the labour market
la solution au vieillissement de la population	solution to the ageing of the population
le manque de main-d'œuvre	shortage of workers
rajeunir la population	to reduce the average age of the population
la contribution fiscale	contribution in payment of taxes
des spécialistes hautement qualifiés	highly qualified specialists
répondre au besoin de travailleurs dans	to answer the need for workers in
la construction	building
l'agriculture (*f*)	agriculture
les travaux manuels	manual jobs
l'entretien (*m*)	maintenance
la sécurité	security

les hôpitaux	hospitals
le gardiennage	caring services
l'hôtellerie (f)	the hotel industry
la restauration	restaurants
la création de petites entreprises	creation of small businesses
le commerce d'alimentation	food shops
les cuisines exotiques	exotic types of cuisine
augmenter la diversité des offres culturelles	to increase the variety of cultural events
la diversité musicale	variety of music
l'expansion (f) des films provenant d'autres pays	increase in availability of foreign films
les athlètes de haut niveau	high-level athletes
des étudiants venant d'un peu partout	students from all over the place
un atout capital pour les entreprises	a major asset to businesses
une force motrice	a driving force
de la créativité	of creativity
de l'innovation	of innovation
du développement	of development
un puissant levier de créativité	a powerful means of levering up creativity
la diversification de la pensée	diversifying ways of thinking
tisser de nouveaux liens	to forge new links
apporter	to bring
la maitrise des langues étrangères	knowledge of foreign languages
la compréhension des marchés étrangers	understanding of foreign markets

7.2 Diversité, tolérance et respect

Diversity, tolerance and respect

la diversité	diversity
la tolérance	tolerance
le respect	respect
la compréhension	understanding
la collaboration	collaboration
la controverse	controversy
le rejet	rejection
du dogmatisme	of dogmatism
de l'absolutisme	of absolutism

dénoncer	to denounce
l'intolérance (*f*)	intolerance
la discrimination	discrimination
la xénophobie	xenophobia, hatred of foreigners
le racisme	racism
le comportement raciste	racist behaviour
l'inégalité (*f*)	inequality
pourchasser les préjugés (*m*)	to root out prejudice
balayer toute représentation stéréotypée	to sweep away all stereotyping
discréditer une propagande haineuse	to discredit hateful propaganda
contrecarrer les influences négatives	to thwart negative influences
insister sur les similarités	to emphasise similarities
exercer un jugement autonome	to exercise independent judgement
faire la distinction entre les faits et les opinions	to distinguish between facts and opinions
reconnaitre	to recognise
les droits universels	universal rights
la liberté fondamentale d'autrui	the basic freedom of others
les particularités d'une culture	the characteristics of a culture
respecter	to respect
les traditions (*f*)	traditions
les coutumes (*f*)	customs
la liberté de pensée	freedom of thought
la liberté de conscience	freedom of conscience
la liberté de croyance	freedom of belief
des règles alimentaires différentes	different dietary laws
des règles vestimentaires différentes	different rules about dress
le port du voile	wearing the veil
permettre aux autres d'exprimer leur particularité	to allow others to express their particular characteristics
apprécier la spécificité culturelle	to value cultural distinctiveness
libérer l'expression des différences	to free up the expression of differences
s'ouvrir à de nouveaux horizons	to open oneself up to new horizons
jeter des ponts entre les modes de pensées	to construct bridges between ways of thinking
tisser des liens	to forge links
aller à la rencontre de l'autre	to reach out to others
faire un premier pas	to take the first step
tendre la main à…	to hold out one's hand to…

chercher	to seek
le partage des points de vue	to share points of view
l'échange des points de vue	to exchange points of view
faire un effort	to make an effort
d'ouverture d'esprit	to be open-minded
de compréhension	to understand
d'acceptation	to accept
d'assimilation	to be inclusive
encourager	to encourage
l'insertion sociale	social integration
l'engagement social	social involvement
mettre fin à l'enfermement communautaire	to put a stop to enclosed communities
la représentation des minorités ethniques	representation of ethinic minorities
la recherche de solidarités nouvelles	search for new senses of solidarity
réduire les inégalités	to reduce instances of inequality
favoriser l'égalité des chances	to favour equality of opportunity

7.3 Diversité : un apprentissage de la vie

Diversity: learning about life

l'ignorance (*f*)	ignorance
le processus éducationnel	the educational process
s'informer, comprendre, agir	to inform oneself, understand and act
la prise de conscience de…	becoming aware of…
l'importance (*f*) du vivre ensemble	importance of being able to live together
l'éveil (*m*) à la citoyenneté	waking people up to citizenship
un enjeu collectif essentiel	a vital community issue
sensibiliser les jeunes à des modes de vie différents	to make the young aware of other ways of life
encourager les enfants à se montrer	to encourage children to appear
ouverts	open
réceptifs	receptive
transmettre des valeurs comme	to pass on values such as
le respect	respect
le partage	sharing
l'égalité (des chances)	equality (of opportunity)
la tolérance	tolerance
la démocratie	democracy
la justice sociale	social justice
l'intérêt général	what is in the interests of all

encourager la lutte contre le racisme	to encourage the fight against racism
nourrir une ouverture à l'autre	to nourish openness to others
reconnaitre la diversité des	to recongise the diversity of
origines sociales	social backgrounds
pratiques linguistiques	the use of languages
cultures	cultures
expressions artistiques	forms of artistic expression
prôner le dialogue	to advocate dialogue
favoriser l'écoute et l'échange	to encourage listening and exchanging views
former des citoyens respectueux des différences	to train people to be citizens who respect differences
accepter l'altérité	to accept otherness
apprendre la richesse de la différence	to learn about the richness of difference
renforcer la culture de l'échange	to reinforce the culture of exchange
apprendre à résoudre les conflits	to learn to resolve conflicts
développer	to develop
la solidarité	solidarity
un sentiment d'appartenance	a sense of belonging
l'acceptation mutuelle	mutual acceptance
se sentir membre d'une collectivité	to feel that one belongs to a community
progresser dans la connaissance du monde	to further one's understanding of the world
tendre à un monde plus juste	to move towards a fairer world
assurer la survie de communautés mixtes	to assure the survival of mixed communities
créer l'harmonie dans la différence	to create harmony within differences
évoluer vers une société interculturelle	to evolve towards an intercultural society

Strategy

It is useful, particularly in an oral discussion, to be able to express the opposite of a word. Try to think of opposites as you discuss things and compile a list of them for future use.

A Trouvez dans les listes ci-dessus le contraire de chacun des substantifs suivants :
   1 le rétrécissement
   2 l'appauvrissement
   3 le rajeunissement
   4 l'acceptation
   5 les différences

B Maintenant, faites la même chose pour les verbes suivants :
   1 réduire
   2 interdire
   3 restreindre
   4 rejeter
   5 détruire

Strategy

We often search for one word to express an idea which comes to us in several words. Always try thinking of the most concise way of expressing an idea.

C Trouvez dans cette section un seul mot (verbe) qui exprime chacune des idées suivantes :
   1 l'acte de se retrouver ensemble
   2 l'acte de rendre plus nombreux (-euse(s))
   3 l'acte de se débarrasser de…
   4 l'acte d'essayer d'empêcher
   5 l'acte de rendre moins nombreux
   6 l'acte de rendre qqn plus sensible
   7 l'acte de parler des bienfaits de…

Useful websites

You will find other useful vocabulary on the topic of *Les aspects positifs d'une société diverse* on the following websites:

https://fr.unesco.org/themes/apprendre-à-vivre-ensemble

unesdoc.unesco.org/images/0013/001345/134556f.pdf

8 Quelle vie pour les marginalisés ?

les droits fondamentaux	fundamental rights
le droit	right
à l'éducation	to an education
au logement	to accommodation
aux soins	to medical care
à l'insertion sociale	to a place in society
à la participation à la vie sociale	to participation in social life
à l'accès aux endroits publics	to have access to public places
à l'accès à l'emploi	to have access to a job
de voter	to vote
l'association caritative	charitable organisation
le/la bénévole	voluntary worker
le professionnel du social	professional social worker
le centre d'accueil	reception centre
le manque de logements	housing shortage
la dégradation du marché de l'emploi	decline in the job market
les inégalités sociales	inequalities in society
le quartier défavorisé	neglected (suburban) area
le bidonville	shanty town
l'habitation (f) de fortune	improvised place to live
les conditions de vie insalubres	squalid living conditions
le manque d'instruction	lack of education
le préjugé	prejudice
le racisme	racism
la xénophobie	xenophobia, hatred of foreigners
l'antisémitisme (m)	anti-Semitism

8.1 Qui sont les marginalisés ? *Who are the marginalised?*

les invalides	the disabled
les handicapés physiques	the physically handicapped
les handicapés mentaux	the mentally handicapped
les ex-patients psychiatriques	former psychiatric patients
les intoxiqués	addicts
les toxicomanes	drug addicts
les ivrognes	drunkards

les SDF (sans domicile fixe) ⎫ les sans-abri ⎭	the homeless
les immigrés	immigrants
les sans-papiers	immigrants without the right papers
les juif (-ives)	Jewish people
les gitans	gypsies
les anciens prisonniers	former prisoners
les délinquants	delinquents
les mères célibataires	single mothers
les jeunes filles enceintes sans ressources	pregnant girls with no resources
les femmes victimes de réseaux de prostitution	women who are trapped in prostitution rackets
les homosexuels	homosexuals
les transgenres	transgender people

les victimes (f) de
  rupture familiale
  violence domestique
	victims of
	  family break-ups
	  domestic violence

les chômeurs de longue durée	long-term unemployed
les jeunes des quartiers défavorisés	the young from run-down areas
les personnes âgées	old/elderly people
les personnes obèses	obese people
les personnes en grande précarité	people in very precarious situations
les personnes sans résidence stable	people of no fixed address
les vieillards nécessiteux	old people in financial hardship
les personnes âgées vivant seules	elderly people living alone

s'apparenter à plusieurs phénomènes	to be linked to several sets of circumstances
entrainer la chute dans l'exclusion	to precipitate exclusion

l'exclusion
  scolaire
  professionnelle
  sociale
	being rejected by
	  people at school
	  employers
	  those around you

la discrimination raciale	racial discrimination
la discrimination religieuse	religious discrimination
la discrimination sexuelle	sexual discrimination
l'esclavage moderne	modern-day slavery
l'exploitation sexuelle	sexual exploitation
la maladie physique	physical illness
la maladie mentale	mental illness

la maladie d'Alzheimer	Alzheimer's disease
l'obésité (f)	obesity
l'abus (m) de drogues	drug abuse
l'abus (m) de d'alcool	alcohol abuse
l'auto-exclusion (f)	cutting oneself off
fuir l'aide	to refuse to seek help
éviter de s'attacher	to avoid attachments to others
avoir du mal à tisser des liens sociaux	to have difficulty forging social links
le divorce	divorce
l'éclatement (m) de la famille	family break-up
le veuvage	widowhood/widowerhood
la perte de l'emploi	loss of job
être privé(e) de travail	to be unable to get a job
avoir des possibilités d'emploi réduites	to have limited job opportunities
la chute dans la pauvreté	falling into poverty
le dénuement économique	having no money
l'accumulation (f) des dettes	piling-up of debts
l'absence (f) durable de lieu d'habitation fixe	long-term homelessness

....

la rupture du lien social	breaking-off of social contacts
le décrochage par rapport à l'entourage	becoming detached from one's surroundings
perdre son soutien affectif	to lose one's emotional support
l'isolement relationnel	emotional isolation
le manque d'affection	lack of affection
être coupé(e) de tout soutien	to be cut off from all support
être dépourvu(e) d'attache sociale/ familiale	to be without any social/family contacts
être rejeté(e) de partout	to be rejected by all and sundry
être stigmatisé(e)	to be stigmatised
être montré(e) du doigt	to be pointed at
être la cible de moqueries	to be made fun of
être vulnérable	to be vulnerable
être exclu(e) des lieux publics	to be banned from public spaces
entrainer la dépression	to lead to depression
se sentir	to feel
perdu(e)	lost
intimidé(e)	intimidated

éprouver un sentiment	to feel
de rejet	rejected
d'isolement	isolated
d'incompréhension	misunderstood
de découragement	discouraged
d'inutilité	useless
se sentir rejeté(e) par	to feel rejected by
les passants	passers-by
les commerçants	shopkeepers
ressentir un besoin d'écoute	to feel the need to be listened to
la chute de la motivation	loss of motivation
la perte du sens de l'effort	feeling that nothing is worth the effort
la dégradation de l'image de soi	deterioration of self-image
l'absence (f) de but précis	absence of a clear aim
le vide de projet	having no plans
perdre confiance en ses possibilités	to lose confidence in one's chances
le sentiment d'inutilité sociale	feeling of being of no use to society
buter contre des portes closes	to come up against closed doors
être sans perspective d'avenir	to have no future prospects
manquer des biens les plus courants	to lack the most common necessities
être au-dessous du seuil de pauvreté	to be below the breadline
mendier	to beg
squatter	to squat
renoncer à se faire soigner	to give up looking after oneself

les groupes ethniques minoritaires	ethnic minorities
éprouver des difficultés d'adaptation	to find it hard to adapt
le barrage de la langue	language barrier
être déraciné(e)	to be rootless
perdre son identité culturelle	to lose one's cultural identity
le repli identitaire	retreat into one's own community

8.2 Quelle aide pour les marginalisés ?

What help is given to the marginalised?

le repérage du problème	spotting the problem
la prise de contact	making contact
enclencher le processus de réinsertion	to get the process of reintegration going
créer un cadre d'échange	to create a framework of communication
instaurer une relation de confiance	to instil confidence in the relationship
susciter un dialogue	to encourage dialogue

amener qqn à parler de sa situation	to get sb to talk about his/her situation
apporter	to provide
un soutien moral	moral support
de la chaleur humaine	human warmth
remobiliser qqn	to remobilise sb
permettre à qqn de se redynamiser	to allow sb to get going again
renforcer la capacité d'agir	to reinforce the ability to take action
rétablir une image de soi positive	to re-establish a positive self-image
le rétablissement de la confiance	restoring confidence
viser l'acquisition d'autonomie	to aim at achieving independence
changer le cours des choses	to change the course of things
libérer le potentiel de qqn	to free up sb's potential
faciliter l'égalité des chances	to provide equality of opportunity
soutenir les rêves et les ambitions	to support dreams and ambitions
responsabiliser qqn	to get sb to take responsibility
aider qqn à se ressourcer	to help sb to provide for themselves
le retour du sentiment de dignité	return of self-respect
assurer le suivi individuel des personnes	to ensure that cases are followed up individually

l'aide (f) aux sans-abri	help for the homeless
la permanence d'accueil	reception centre which is always open
le foyer d'urgence	hostel for immediate needs
le centre d'hébergement	hostel for the homeless
offrir un lieu sécurisé	to offer a safe place
offrir un climat de bienveillance	to offer a welcoming atmosphere
les Restos du Cœur	French charity supplying food to those in need
le soutien sanitaire	support with hygiene
le soutien alimentaire	provision of meals
les soins médicaux	medical care
l'aide (f) psychologique	counselling
la réhabilitation	rehabilitation
la rééducation	physiotherapy
la réinsertion	reintegration
offrir la possibilité :	to provide the opportunity:
de manger à sa faim	to eat as much as one needs
de se faire soigner	to be looked after
d'avoir un logement décent	to have decent accommodation
d'être à l'abri des menaces	to be sheltered from threats
de se considérer en sécurité	to feel safe

Quelle aide pour les marginalisés ?

d'avoir accès aux produits de première nécessité	to have access to basic necessities
des activités socio-éducatives :	activities which teach life skills:
la cuisine	cooking
l'hygiène (f)	hygiene (keeping clean)
le ménage	housework
le jardinage	gardening
les activités ludiques	activities involving games
des programmes (m) de dynamisation	programmes to enthuse people
des ateliers créatifs	workshops for creative activities

l'aide (f) aux nécessiteux	help for the hard-up
des dons (m) aux associations caritatives	donations to charities
la banque alimentaire	food bank
les prestations sociales	state aid
le RMI (revenu minimum d'insertion)	minimum guaranteed income
les allocations familiales	family allowances
les allocations pour jeune enfant	child allowances
les allocations de parent isolé	single-parent allowances
l'aide (f) aux chômeurs	help for the unemployed
faciliter la transition vers le marché du travail	to make the transition to the job market easier
le projet d'insertion	plan to get people into work
le stage de formation	training course
la possibilité de faire des études	educational opportunities
s'inscrire en apprentissage	to sign up to an apprenticeship
acquérir une certaine discipline	to get some sense of discipline
améliorer	to improve
les quartiers sensibles	'problem' suburbs
le système éducatif	the education system
les services publics	public services
installer	to provide
des équipements sportifs	sporting facilities
des équipements culturels	cultural facilities
favoriser la création d'entreprises	to encourage the creation of businesses
renforcer la présence policière	to provide a stronger police presence

8.3 Quelles attitudes envers les marginalisés ?

What attitudes do people have towards the marginalised?

éviter de généraliser	to avoid making generalisations
avoir une réaction d'approche	to react by trying to make contact
être compatissant(e)	to be sympathetic
faire un effort pour comprendre	to make an effort to understand
il faut reconnaitre qu'ils ont besoin	one must recognise that they need
de soutien	support
de conseils	guidance, advice
d'éducation	education
certains disent qu'ils sont :	some say that they are:
malchanceux	unlucky
victimes des injustices sociales	victims of social injustices
victimes de discrimination	victims of discrimination
avoir un comportement altruiste	to behave in the interest of others
apporter le soutien	to bring support
apporter la confiance	to bring confidence
devenir plus compréhensif envers…	to become more understanding towards…
afficher une attitude bienveillante envers :	to show a kindly attitude towards:
les homosexuels	homosexuals
les transgenres	transgender people
les handicapés	disabled people
admirer le courage des paralympiens	to admire the courage of Paralympians

avoir une réaction d'évitement	to react by trying to avoid sb
certains disent qu'ils sont :	some say that they are:
responsables de leur situation	responsible for their own situation
menaçants	threatening
certains parlent de leur :	some people talk about their:
manque de la notion d'autorité	lack of a sense of authority
comportement déviant	deviant behaviour
comportement irresponsable	irresponsible behaviour
paresse	laziness
dépendance de l'aide sociale	reliance on social security
les indésirables	undesirables
les fainéants	layabouts

trainer dans les rues	to hang around in the street
certains éprouvent :	some people feel:
de l'indifférence	indifference
de la gêne physique	physical embarrassment
de l'appréhension	apprehensive
un sentiment d'insécurité	insecure
de la méfiance	suspicion
de l'hostilité	hostility
du dégout	disgust
de la répulsion	repulsion

Useful websites

You will find other useful vocabulary on the topic of *Quelle vie pour les marginalisés ?* on the following website:

https://vivre-ensemble.be/pauvrete-et-exclusion-sociale-analyse

Strategy

It is always desirable to find single adjectives that convey in one word ideas often expressed in several.

A Trouvez dans les listes ci-dessus un adjectif qui exprime les descriptions suivantes :
1 non rémunéré(e)
2 pas propre
3 qui attend un enfant
4 pas encore marié(e)
5 trop gros(se)
6 pas accepté(e)
7 qui manque de chance
8 qui ne fait rien d'utile

Strategy

There are many words in French of which the spelling is close to but not the same as the English equivalent. When you come across these, keep a list of them for future reference.

B Trouvez dans les listes ci-dessus, et notez, le mot français qui correspond à chacun des mots anglais suivants :
1 lodging
2 access
3 professional
4 delinquent
5 resources
6 debts
7 abuse
8 morale
9 confidence
10 course
11 individual
12 hygiene
13 authority
14 irresponsible

9 Comment on traite les criminels

le malfaiteur	crook
commettre un délit	to commit an offence
enfreindre la loi	to break the law
une infraction à la loi	law-breaking
le mobile	motive
la victime	victim
les forces (f) de l'ordre	forces of law and order
faire respecter la loi	to enforce the law
la police de proximité	community police
la police municipale	urban police force
la gendarmerie nationale	paramilitary police
la police judiciaire	detective force
le gardien de la paix	(ordinary) policeman
le détective en civil	plain-clothes detective
dépister les coupables	to track down the guilty
l'arrestation (f)	arrest
l'inculpation (f)	charge
comparaitre devant le tribunal	to appear in court
le magistrat	magistrate
le jury	jury
le juge	judge
prononcer une condamnation	to pass sentence
la justice pénale	penal system
le régime carcéral	prison system
être passible d'emprisonnement	to be liable to imprisonment
purger une peine	to serve a sentence
être condamné(e) à perpétuité	to be sentenced to life imprisonment
la récidive	repeat offence
la recrudescence de la criminalité	increase in crime rate
l'esalade (f) de la violence	escalation of violence
la violence conjugale	domestic violence
la violence préméditée	premeditated violence
l'assassinat (m)	assassination
l'homicide (m) volontaire	first-degree murder
l'homicide (m) involontaire	manslaughter
la tentative de meurtre	attempted murder
le crime passionnel	crime of passion
la voie de fait	assault

l'agression (f)	mugging
les agressions (f) au couteau	knife crime
l'arme blanche	bladed weapon, knife
l'arme (f) à feu	firearm
le vol à main armée	armed robbery
le vol aggravé	robbery with violence
les coups et blessures volontaires	grievous bodily harm
le harcèlement sexuel	sexual harassment
l'agression sexuelle	sex attack
l'enlèvement (m)	abduction
la séquestration	keeping sb prisoner
la tentative de viol	attempted rape
l'attentat (m) à la pudeur	indecent assault

la délinquance de voie publique	street crime
les gangs de rue	street gangs
endommager	to damage
la dégradation de biens volontaire	deliberate damage to property
un acte gratuit de vandalisme	a pointless act of vandalism
l'incendie (m) volontaire	arson
le larcin	petty crime
le vol à la tire	pick-pocketing
le vol à l'arraché	bag snatching
le vol à la roulette	theft from parked vehicles
le vol à l'étalage	shoplifting
le crime de cyclomoteur	theft by people on mopeds
l'effraction (f)	break-in
le cambriolage	burglary
le braquage	hold-up

la cybercriminalité	internet crime
le piratage informatique	hacking
le vol d'identité	identity theft
l'escroquerie (f) à la carte bancaire	bank card fraud
le débit frauduleux	illegal use of a bank card
l'escroquerie financière	illegal financial dealing
le détournement de fonds	embezzlement
le blanchiment d'argent	money laundering
la fraude fiscale	tax fraud
le chantage	blackmail
le trafic de drogue(s)	drug trafficking

Comment on traite les criminels

le/la meurtrier (-ière)	murderer
le violeur	rapist
le/la pédophile	paedophile
le/la ravisseur (-euse)	kidnapper
le/la voleur (-euse)	thief
le/la cambrioleur (-euse)	burglar
le/la cambrioleur (-euse) de banque	bank robber
le/la complice	accomplice
le/la récidiviste	habitual offender

9.1 Quelles attitudes envers la criminalité ?

What do people feel about criminality?

le rôle crucial de la police	crucial role of the police
la surveillance	being watchful
la prévention du crime	crime prevention
la protection du public	protecting the public
concilier l'ordre et la liberté	to strike a balance between order and freedom
le taux d'élucidation des crimes	the success rate of crime detection
faire des progrès scientifiques	to make progress in scientific methods
les techniques	techniques
évoluent	are evolving
s'affinent	are becoming more refined

la peur du crime	fear of crime
le sentiment d'insécurité	feeling of being unsafe
la justice	the law
ne fait pas son travail	is not doing its job
est excessivement clémente	is excessively lenient
la demande de sécurisation	demand to be made safe
protéger la société	to protect society
maintenir la discipline	to maintain discipline
renforcer le système de valeurs sociales	to reinforce social values
chacun est responsable de ses actes	everyone is responsible for their actions
ils doivent souffrir à leur tour	they must suffer in return
payer leur dette envers la société	to pay their debt to society
décourager les criminels d'agir	to discourage criminal activity
dissuader qqn de recommencer	to dissuade sb from doing the same thing again

augmenter les pouvoirs de la police	to increase police powers
mettre qqn hors d'état de nuire	to make it impossible for sb to cause harm
revendiquer des mesures punitives plus sévères	to demand more severe punishments
augmenter la durée des peines	to increase the length of sentences
les boucler et jeter la clef	to lock them up and throw away the key

....

on pourrait prévenir la délinquance	we could prevent delinquency
il vaut mieux prévenir que guérir	prevention is better than cure
inculquer	to instil
des valeurs morales	moral values
le respect de l'autre	respect for others
le respect de la loi	respect for the law
former des relations entre la police et la communauté	to establish a relationship between the police and the community
éviter d'avoir une attitude rigide	to avoid having an inflexible attitude
trouver une forme d'indulgence	to find a way of making allowances
insister sur les circonstances atténuantes	to focus on extenuating circumstances
incriminer la société	to place the blame on society
l'affaiblissement (m) de la famille	weakening of the family unit
l'absence (f)	absence
d'autorité parentale	of parental authority
de modèle à suivre	of a role model
de valeurs morales	of moral values
d'encadrement	of supervision
d'un réseau de soutien	of a support system
d'esprit de solidarité	of a sense of solidarity
le besoin d'être vite satisfait	need for instant gratification
ceux qui commettent des crimes sont :	those who commit crimes are:
pauvres	poor
mal logés	badly housed
mal instruits	poorly educated
toxicomanes	drug addicts
alcooliques	alcoholics
ils habitent une cité sans âme	they live on a soulless estate
les criminels	criminals
ne sont pas responsables de leurs actes	are not responsible for their actions
ont besoin de traitement psychologique	need psychological treatment

Quelles attitudes envers la criminalité ?

ils souffrent d'un manque	they suffer from a lack
de travail	of work
d'affection	of affection
d'attention individuelle	of personal attention
d'instruction	of education
d'infrastructures de loisirs	of leisure facilities
il s'agit	it is about
des inégalités économiques	financial inequality
de la perte du sens civique	the loss of civic awareness
de l'anoymat de la vie moderne	the anonymity of modern life
de la banalisation de la violence	violence becoming commonplace
de l'influence délétère des médias	the damaging influence of the media
encourager la remise de peine	to encourage early release
la réhabilitation	rehabilitation

9.2 La prison : échec ou succès ? *Prison: success or failure?*

être une	to be
solution inefficace	an ineffective solution
une solution contre-productive	a counter-productive solution
une solution couteuse	an expensive solution
créer davantage de maux	to make matters worse
la condamnation à la détente se veut déshonorante/avilissante	a prison sentence sets out to be shaming/degrading
la fouille à nu	strip search
des conditions de vie indignes	disgraceful living conditions
la vétusté des bâtiments	dilapidated state of buildings
la surpopulation	overcrowding
l'insalubrité (*f*)	unhygienic conditions
le manque d'intimité	lack of privacy
les humiliations révoltantes	shocking forms of humiliation
l'abus (*m*) de stupéfiants	drug abuse
la prison tend à endurcir	prison tends to harden people
la prison tend à démolir	prison tends to destroy people
la prison tend à générer l'agressivité/ la rancune	prison tends to generate aggression/ resentment
c'est l'école du crime	it is the school of crime
un creuset de violence institutionnelle	a melting pot of institutional violence
le lieu ideal de la radicalisation	ideal territory for radicalisation
un taux de suicide préoccupant	worrying suicide rate

sortir sans aucun	to come out with no
suivi	follow-up
emploi	job
logement	home
sortir plus pauvre	to come out poorer
sortir plus furieux (-euse)	to come out more furious
sortir plus endurci(e)	to come out more hardened
sortir plus désespéré(e)	to come out more desperate
sortir plus avili(e)	to come more degraded
comment redevenir autonome ?	how to recover independence?

un moyen efficace de dissuasion	an effective means of putting people off
l'élément réformateur	element that brings about reform
amener qqn à	to get sb to
corriger son comportement	change his/her behaviour
changer de trajectoire	change direction
l'assistant(e) social(e)	social worker
le/la psychologue	psychologist
se focaliser sur l'individu	to focus on the individual
cerner les attentes de qqn	to hone in on sb's expectations
travailler le sens moral de qqn	to work on sb's moral awareness
modifier	to change
la compréhension de qqn	sb's understanding
les attitudes sociales de qqn	sb's social attitudes
le comportement de qqn	sb's behaviour pattern
développer	to develop
les habiletés sociales	social skills
le sens des responsabilités	a sense of responsibility
augmenter	to increase
la motivation de qqn	sb's motivation
la capacité de qqn	sb's capacity
les opportunités de qqn	sb's opportunities
agir sur	to work on
la motivation	motivation
la réflexion	thinking things through
prendre des mesures éducatives	to take steps to educate people
favoriser l'acquisition de compétences	to promote the acquisition of skills
proposer	to provide
de l'enseignement	teaching
des soins	medical care
des activités sportives/culturelles	sporting/cultural activities

lutter contre	to fight
l'illéttrisme	illiteracy
la toxicomanie	drug dependency
des formateurs qui assurent	training staff who provide
l'alphabétisation	teaching of literacy
l'enseignement technique	technical training
l'apprentissage de travaux manuels	training for manual jobs
réduire le taux de récidive	to reduce the rate of reoffending
viser la réinsertion sociale (de qqn)	to aim to get (sb) back into society
aider qqn à se construire une vie meilleure	to help sb to build a better life
retrouver de la confiance	to get some confidence back
s'amender	to turn over a new leaf
réintégrer la société	to go back into society

9.3 D'autres sanctions — *Other sanctions*

éviter les effets négatifs de l'emprisonnement	to avoid the negative effects of imprisonment
lutter contre les causes profondes de la criminalité	to fight against the root causes of criminal behaviour
des stratégies (f) à long terme	long-term strategies
la peine de substitution	alternative sentence
des moyens (m) plus souples	more flexible methods
le sursis simple	suspended sentence
la peine en milieu ouvert	non-custodial sentence
la libération sous réserve	conditional discharge
la liberté surveillée	probation
le système de suivi	monitoring system
la surveillance étroite	close monitoring
le bracelet électronique	electronic tag
la détention domiciliaire	house arrest
la vérification téléphonique	requirement of checks by telephone
la visite inopinée au domicile	unannounced visits to your home
des horaires stricts d'assignation	strict timetable of meetings
des activités de formation obligatoires	compulsory training
le travail d'intérêt général :	community service:
l'entretien des espaces publics	maintenance of public spaces
la réparation de dégâts	repairing damage

la réfection des bâtiments publics	doing up public buildings
l'aide aux défavorisés	helping the underprivileged
l'amende (f)	fine
la peine de confiscation	confiscation of property

Strategy

Watch out for nouns in French that look masculine, but are, in fact, feminine. Make a note of these nouns when you come across them.

A Dans la liste ci-dessous, dont tous les mots se trouvent dans cette section, il n'y a que deux substantifs féminins. Lesquels ? Il va falloir vérifier.

acte	incendie	prison
homicide	manque	système
horaire	mobile	victime

B Les mots de la colonne de gauche se trouvent dans les listes ci-dessus. Il faut éviter de les confondre avec les mots de la colonne de droite. Donnez les traductions en anglais pour expliquer les différences.

Mot	Traduction en anglais	Mot	Traduction en anglais
le chantage		le chant	
la cité		la ville	
la confiance		la confidence	
envers		vers	
la loi		le droit	
le mobile		le motif	
le moyen		la moyenne	
passible		paisible	
la tâche		la tache	
l'attente (*f*)		la tentative	

Useful websites

You will find other useful vocabulary on the topic of *Comment on traite les criminels* on the following websites:

www.acatfrance.fr

www.police-nationale.interieur.gouv.fr

10 Les ados, le droit de vote et l'engagement politique

l'Assemblée (*f*) nationale	the National Assembly (of France)
le parti politique	political party
la droite	the right
la gauche	the left
centriste	in/of the centre
conservateur (-trice)	conservative
En marche!	new French political party founded by Emmanuel Macron
(la/la) socialiste	socialist
(le/la) communiste	communist
(le/la) extrémiste	extremist
l'extremisme (*m*)	extremism
les Verts	Greens
le Front national	National Front
le soutien	support
soutenir	to support
le porte-parole	spokesperson
le/la député	MP
le/la ministre	minister
l'élu(e)	elected person
voter	to vote
le/la président(e)	the president
le/la premier (-ère) ministre	the prime minister
le sondage	survey
le/la maire	mayor

10.1 Pour ou contre le droit de vote ?

For or against the right to vote?

le/la citoyen(ne)	citizen
le civisme	public-spiritedness
l'électeur (-trice)	voter

élire	to elect
décider	to decide
prendre une décision	to make a decision
l'émancipation (f)	emancipation
être majeur(e)	to be over 18
la majorité	majority/being over 18
minoritaire	in minority
la minorité	minority/being under 18
en tant que	as (a)
le gouvernement	government
le parlement	parliament
le politique	
l'homme politique	politician
le politicien	
le/la politologue	political pundit, analyst, expert
la liste électorale	electoral register
s'inscrire sur la liste électorale	to put one's name on the electoral register
le suffrage	vote
l'élection (f)	election
la présidentielle	presidential election
les élections locales	local elections
les municipales (fpl)	
le scrutin	ballot/poll
par voie de scrutin	by ballot
le jour de scrutin	polling day
dépouiller le scrutin	to count the votes
l'urne (f) électorale	ballot box
l'isoloir (m)	polling booth
le bulletin de vote	voting slip/ballot paper
il y a ballotage	there's a second ballot
avoir le droit au chapitre	to have a voice
abaisser	to lower
trouver urgent d'abaisser le droit de vote à [x]	to think it urgent to lower the vote to [x]
le droit de vote devrait être donné à…	the right to vote should be granted to…
être suffisamment âgé(e)	to be old enough
s'exprimer	to express oneself
la voix	voice

être entendu(e)	to be heard
la démocratie	democracy
ébranler la démocratie	to weaken democracy
la lutte	fight
mériter	to deserve
responsabiliser	to make responsible
se sentir en mesure de choisir	to feel in a position to choose
faire un choix	to make a choice
être représenté(e)	to be represented
participer à la vie publique	to participate in public life
faire confiance à	to trust
faire une différence	to make a difference
la cause la plus importante	the most important cause
accorder	to grant, give
les progrès	progress
les valeurs	values
l'intéressé(e)	the person concerned
(le/la) féministe	feminist
désintéressé(e)	impartial

. . . .

attendre d'en savoir plus	to wait to know more
il est primordial…	it is vital/essential…
c'est/ce n'est pas une priorité	it is/it is not a priority
être en faveur de…	to be in favour of…
opposé(e) à	opposed to
se dire opposé(e) à	to say that you are opposed to
donner lieu à de multiples contestations	to give rise to many objections
la pomme de discorde	bone of contention
soulever un débat	to provoke discussion
borné(e)	limited
la crainte la peur	fear
avoir peur (de)	to be scared (of)
l'ignorance (f)	ignorance
s'abstenir	to abstain
l'abstention (f)	abstention
évoluer	to evolve
le refus	refusal
indécis(e)	undecided

10.2 Les ados et l'engagement politique : motivés ou démotivés ?

Young people and political commitment: motivated or demotivated?

s'intéresser à…	to take an interest in…
s'investir dans…	to invest in, to get involved in…
s'impliquer dans…	to get involved in…
donner envie aux jeunes de s'investir	to make young people want to get involved
passionner	to fascinate, to grip
voir un intérêt personnel	to see a personal interest
en valoir la peine	to be worth it
se donner de la peine	to go to trouble
s'informer sur	to find out about
se déplacer aux urnes	to go to vote
délaisser les urnes	not to vote
Allons Enfants	French political party created to engage young people in politics
le Front National Jeunesse (FNJ)	National Front Youth
le Mouvement des jeunes socialistes	Young Socialists' movement
le Mouvement des jeunes bretons	Young Bretons' movement
les Jeunes Républicains	Young Republicans
l'adhérent(e)	member
mobiliser	to mobilise
manifester	to demonstrate
faire grève	to strike
signer un pétition	to sign a petition
signer une protestation	
adresser une protestation	to protest against (sth)
une protestation de principe	a protest on principle
protestataire	protesting
suivre l'actualité politique	to follow political news
être membre d'un syndicat/parti politique	to be a member of a syndicate/political party
souhaiter en savoir plus	to wish to know more
l'ambition (f)	ambition
être actif (-ive)	to be involved/active
monter/créer un parti politique	to set up a political party
la vision	vision
être aux avant-postes	to be in the vanguard
optimiste	optimistic

ça te branche ?	are you into it?
semblable	similar
enchanté(e) par	enchanted by, taken with
la citoyenneté	citizenship
une génération idéologique	an ideological generation

les programmes (m) scolaires	school curriculums
les formations (f) en sciences politiques	training in political science
l'Institut (m) d'études politiques de Paris (Sciences Po)	Paris Institute of Political Studies, a prestigious Paris university
le scrutin obligatoire	compulsory voting
les campagnes (f)	campaigns
faire campagne pour	to campaign for
l'encadrement (m) politique	political framework
la socialisation politique	political socialisation
l'intégration (f) dans la vie politique	integration into political life
générationnel(le)	generational

l'apathie (f)	apathy
le rejet	rejection
la défiance	mistrust, distrust
se démobiliser	to become demotivated/demoralised
décourageant(e)	disheartening
se détourner de	to turn away from
des milieux peu politisés	not very politically aware environments
être lassé(e) de...	to be tired of...
n'y rien connaitre	to know nothing about it
tous les politiciens se ressemblent	all of the politicians are the same
être perplexe	to be perplexed
un sentiment de frustration	a feeling of frustration
la dépolitisation	depoliticalisation/depoliticisation
dépolitisé(e)	depoliticised
désenchanté(e) par	disillusioned by
critique	critical
moins déférent(e)	less deferential
les attentes (f)	expectations
refuser d'adhérer aux idéologies existantes	to refuse to adhere to existing ideologies
la dictature	dictatorship
être contre toute forme d'opposition	to be against any form of opposition

Les ados et l'engagement politique : motivés ou démotivés ?   117

la répression	repression
censuré(e) par l'État	censored by the State
brutalisé(e)	ill-treated, battered
contrôlé(e) par les personnes au pouvoir	controlled by people in power
être surveillé(e)	to be watched
être soumis(e) à la propagande	to be subjected to propaganda
bouder	to stay away from
sceptique	sceptical

avoir des choses à dire	to have things to say
discuter de la politique	to discuss politics
la conviction	conviction
etre relié(e) à un parti	to be linked to a party
se fier à	to trust
donner un sens à la vie	to give life meaning
être conscient(e) de ce qu'on fait	to be aware of what you are doing
conseiller	to advise
déconseiller	to advise against

10.3 Quel avenir pour la politique ?

What is the future of politics?

l'Union (f) européenne	European Union
être membre de l'Union européenne	to be a member of the European Union
européen(ne)	European
anti-européen(ne)	anti-European
le Brexit	Brexit
le divorce entre le Royaume-Uni et l'Union européenne	divorce between the UK and the European Union
l'accord (m) de libre-échange	free-trade agreement
la zone euro	Eurozone
l'isolationnisme (m)	isolationism
l'incertitude (f)	uncertainty
le marché unique	the single market
l'Organisation mondiale du commerce	World Trade Organization
les importations (f)	imports
les exportations (f)	exports
l'immigration (f)	immigration

l'État (*m*)	the State
des solutions nouvelles/concrètes	new/concrete solutions
l'euro (*m*)	Euro
fonder	to found, to create
la mondalisation	globalisation
la monnaie unique	single currency
la principalité	principality
reconstruire	to rebuild
la république	republic
universel(le)	universal
intérieur(e)	domestic
extérieur(e)	foreign
exporter	to export
importer	to import
utopiste	utopian
la dimension internationale	international dimension
à l'échelle locale/régionale/nationale/ européenne	on a local/regional/national/European level
le pouvoir	power
le retour	return
le rêve	dream
l'accord (*m*) ⎫ l'entente (*f*) ⎭	agreement

- -

l'altermondialisme (*m*)	alter-globalisation
la crise	crisis
la guerre	war
la dépense publique	public expenditure
appauvrir	to impoverish
le modèle social	social model
les buts (*m*)	goals
les idées (*f*)	ideas
les mensonges (*m*)	lies
la malhonnêteté	dishonesty
le focus stratégique	strategic focus
désœuvré(e)	idle, inactive
perdre l'illusion	to lose the illusion
ignorer	to be unaware of
les préoccupations (*f*) réelles de la population	the population's real concerns

voter aux extrêmes	voting to extremes
empirer	to get worse, to deteriorate

voir du changement	to see change
proposer	to propose
tenir compte de l'opinion des jeunes	to take into account the opinion of young people
il ne faut pas oublier	you/one mustn't forget
différemment	differently
en vigueur	in force, in effect
informer	to inform
la direction	direction
la création des emplois	creation of jobs
l'économie (f)	the economy
économiquement	economically
la planète	the planet
les grands projets	big projects
le concept	concept
les principes politiques	political principles
peuplé(e)	populated
surpeuplé(e)	over-populated
être au service du citoyen	to be at the service of citizens
une image positive/négative	a positive/negative image
rendre plus solide/compétitif (-ive)	to make more solid/competitive
vivre en autarcie	to be self-sufficient
enrichir	to enrich
les candidatures non partisanes	independent candidates

humaniste	humanist
conventionnel(le)	conventional
culturel(le)	cultural
culturellement	culturally
fondamental(e)	fundamental
raisonnable	reasonable
juste	fair
moral(e)	moral
honnête	honest
l'honnêteté (f)	honesty
capable	capable
encourageant(e)	encouraging

Strategy

Certain prefixes, such as *a*, *dé*, *dés*, *dis*, *in*, *im*, *il*, *ir*, *mal*, *mé* and *més*, form antonyms when added to the beginning of words, e.g. *espoir* = hope, *désespoir* = despair. This can help you to work out the meaning of unknown words.

A Formez les antonymes des mots suivants en vous servant des préfixes ci-dessus.

1 intéressé
2 raisonnable
3 juste
4 mobiliser
5 actif
6 responsable

7 se tourner
8 motivé
9 œuvré
10 moral
11 espoir
12 honnête

B Formez les antonymes de six mots tirés des listes de vocabulaire pour faire des mots qui ont la même signification que les mots et expressions suivants. Servez-vous des préfixes ci-dessus.

Exemple : 1 se fier à → se **mé**fier de (= être soupçonneux de)

1 être soupçonneux de
2 démoralisant
3 le désaccord
4 différent
5 inapte, ne peut pas faire quelque chose
6 contraire aux règles

C Connaissez-vous d'autres mots qui commencent avec les préfixes ci-dessus ? Faites-en une liste. Ensuite, traduisez-les en anglais.

Useful websites

You will find other useful vocabulary on the topic of *Les ados, le droit de vote et l'engagement politique* on the following websites:

www.lemonde.fr/politique

www.lesechos.fr

http://etudiant.lefigaro.fr

11 Manifestations, grèves : à qui le pouvoir ?

la classe ouvrière	working class
les salariés	employees
le secteur public	public sector
le secteur privé	private sector
la diminution du temps de travail	reduction in working hours
mettre en chômage technique	to lay off
l'allègement (m) des effectifs	reduction in staff
la suppression d'emplois	getting rid of jobs
le préavis de licenciement	redundancy notice
licencier ⎫	
renvoyer ⎬	to sack
congédier ⎭	
mettre qqn en préretraite	to force sb into early retirement
le recul de l'âge de la pension	increase of pensionable age
le non-remplacement des départs à la retraite	not replacing people who retire
le gel des salaires	wage freeze
le salaire minimum national	national minimum wage
le contrat zéro heures	zero-hour contract
les congés payés	paid holidays

la contestation	protest
la révolte	uprising
la revendication	demand, complaint
la revendication salariale	demand for higher pay
manifester	to show
le mécontentement	one's dissatisfaction
la dissension	one's disagreement
la manifestation pacifique	peaceful demonstration
adopter une attitude plus/moins forte	to adopt a stronger/weaker approach
le militantisme de l'extrême gauche	militant attitude of the extreme left
le droit de	right to
grève	strike
manifester	demonstrate
se mobiliser	to get mobilised
déclencher	to set in motion
le plan d'action dure	plan for tough action
déposer un préavis de grève	to give notice of strike action
lancer un appel de grève	to call a strike

faire grève	to go on strike
le mouvement social	industrial action
se porter gréviste	to join a strike
la grève générale	general strike
la grève reconductible	renewable strike
la grève illimitée	strike with no time limit
la grève du zèle	working to rule
la grève sauvage	wildcat strike
durcir le mouvement	to harden the action

11.1 Le pouvoir des syndicats   *The power of the unions*

adhérer à	to belong to
le/la syndicaliste	union member
le/la responsable syndical(e)	union official
le/la délégué(e) syndical(e)	union representative
le relai entre le salarié et la direction	link between employee and management
le baromètre de mécontentement	barometer of dissatisfaction
le contre-pouvoir	challenge to authority
s'opposer à la politique d'austérité	to oppose the policy of austerity
s'opposer aux inégalités	to oppose inequalities
faire entendre sa voix	to make one's voice heard
défendre un(e) salarié(e) en difficulté	to defend an employee in difficulty
définir	to define
le contrat d'embauche	the employment contract
le temps de travail	working hours
les modes de rémunération	methods of payment
créer un lien de solidarité	to bring people together in solidarity
permettre aux travailleurs de s'unir	to allow workers to unite
se mobiliser	join forces
agir collectivement	to act collectively
le salaire de gréviste	strike pay
entamer des négociations	to get negotiations going
faire valoir ses revendications	to assert one's demands
nourrir des griefs envers…	to nourish grievances against…
le comité de négociation	negotiating committee
la puissance revendicative	bargaining power
le moyen de pression	means of exerting pressure
l'impact (*m*) sur le chiffre d'affaires	impact on the turnover
les rapports de force	power struggles

montrer ses crocs	to show one's teeth
la capacité de nuisance	ability to cause harm
faire plier l'employeur (-euse)/le gouvernement	to make the employer/government give way
faire connaitre la cause auprès	to make your cause known to
du grand public	the general public
des médias	the media
attirer les médias dans leurs combats	to draw the media into their struggles
utiliser l'opinion publique comme levier	to use public opinion as a lever
faire aboutir ses revendications	to get one's demands met
ne pas perdre la face	not to lose face

l'affaiblissement (m) de l'esprit syndicaliste	decline in union support
le taux de syndicalisation est en baisse	the level of union membership is falling
des réliquats d'un siècle révolu	relics of a bygone century
la direction s'est coupée de la base	the leadership has lost touch with the grass roots
le poids syndical s'est allégé	union influence has decreased
un dialogue de sourds	a dialogue of the deaf (neither side is listening to the other)

11.2 Manifestations et grèves : sont-elles efficaces ?
Demonstrations and strikes: are they effective?

un fort/faible taux de participation	a high/low level of participation
le piquet de grève	picket
la ligne de piquetage	picket line
mener un conflit au coude à coude	to stand shoulder to shoulder in a dispute
étendre le mouvement à d'autres secteurs	to spread the movement to other areas of industry
paralyser	to paralyse
l'économie	the economy
les secteurs de production	manufacturing
toucher les secteurs clés :	to affect key sectors:
l'économie	the economy
l'énergie	energy
les services publics	public services
les transports (de marchandises)	transport (of goods)

subir les conséquences	to suffer the consequences
l'effet (*m*) boomerang néfaste	damaging boomerang effect
la peur de représailles	fear of reprisals
les règlements (*m*) de compte	settling of scores
risquer son emploi	to risk one's job
entrainer des difficultés financières	to cause financial problems
l'entreprise pourrait se délocaliser	the business could move away

11.3 Attitudes différentes envers les tensions politiques

Differing attitudes towards political tensions

les revendications sont légitimes	the demands are legitimate
il faut descendre dans la rue	people have to take to the streets
exprimer la grogne sociale	to express society's discontent
attirer l'attention sur une cause	to draw attention to a cause
faire changer les choses	to get things changed
faire reculer le gouvernement	to make the government back down
défendre	to defend
les intérêts des employés	workers' rights
le maintien de l'emploi	the retention of jobs
les conditions de travail	working conditions
le pouvoir d'achat	purchasing power
les protections sociales	welfare protection
faire respecter ses droits	to make sure one's rights are respected
dénoncer	to condemn
les violations des droits	violations of rights
le mépris envers le personnel	contempt for the staff
faire progresser les conditions de travail	get working conditions to evolve
acquérir de nouveaux droits	to obtain new rights
partager les gains de productivité	to share benefits of productivity
mieux répartir les richesses	to share wealth more fairly

les actions sont irresponsables	the courses of actions are irresponsible
il faut maintenir l'ordre public	public order must be maintained
c'est du chantage	it is blackmail
il n'est pas juste :	it is not right:
d'abuser du droit de grève	to abuse the right to strike
de se montrer intransigeant	to display an inflexible attitude
de pratiquer l'intimidaton	to intimidate people
de pratiquer la menace	to threaten people

de désorganiser le pays	to cause chaos throughout the country
de paralyser le pays	to paralyse the country
de bloquer le fonctionnement du pays	to prevent the country from functioning
de bloquer les axes de circulation	to prevent people from moving around
d'empêcher les gens d'aller travailler	to prevent people from going to work
de prendre la population en otage	to take the population hostage
de se comporter de manière jusqu'au-boutiste	to behave in a hard-line fashion
d'employer des méthodes violentes	to use violent methods
de casser quoi que ce soit	to break anything
il faut tenir compte :	one must take into account:
de la robotisation	replacement of workers by robots
des mutations industrielles	industrial change
le monde est en pleine mutation	the world is undergoing great change
une démonstration de force illusoire	an illusory show of strength

l'entreprise doit :	the business must:
écouter les actionnaires	listen to the shareholders
maintenir un équilibre budgétaire	balance its books
maitriser ses dépenses	control its expenses
viser des gains de productivité	aim to improve productivity
assurer sa pérennité	ensure its survival
les syndicats et les patrons doivent :	unions and bosses must:
essayer le chemin de la concertation	try the path of dialogue
faire des concessions	make concessions
éviter une relation sans issue	avoid a stalemate
déjouer la manipulation	thwart manipulation
éviter d'empirer les choses	avoid making matters worse
négocier un compromis utile	negotiate an appropriate compromise
trouver le point d'équilibre	find the right balance
parvenir à un accord	reach agreement

Useful websites

You will find other useful vocabulary on the topic of *Manifestations, grèves : à qui le pouvoir* ? on the following websites:

https://scfp.ca/node/350

www.cafes-citoyens.fr/comptes-rendus/141-la-greve

fieci-cfecgc.org/telechargement/la_manifestation.pdf

Strategy

Nouns derived from verbs are often easy to identify (e.g. *remplacer – remplacement*, *distribuer – distribution*). In this section there are some less obvious ones. Keep track of those that do not follow a predictable pattern.

A Trouvez dans les listes ci-dessus le substantif qui correspond à chacun des verbes suivants.

1 diminuer
2 geler
3 reculer
4 arrêter
5 affaiblir

6 peser
7 régler
8 maintenir
9 mépriser
10 gagner

Strategy

There are several examples in this section of the construction *faire* + infinitive + *qqch* meaning 'to get something done (by someone)'. There are others which are worth noting. Use a good dictionary to find them.

B Traduisez en français les expressions suivantes en començant chaque fois par l'infinitif *faire*.

1 to make sb laugh
2 to keep sb waiting
3 to ask sb to sit down

4 to have sb believe sthg
5 to get the car repaired

C Trouvez dans la colonne de droite l'expression qui convient à chacun des verbes suivants:

1 adhérer à
2 s'engager dans
3 s'unir
4 s'inscrire à
5 rejoindre
6 se joindre à
7 joindre
8 participer à

a I'll join you later
b to join forces
c to contact sb
d to join in
e to join a club
f to join the army
g may I join you?
h to join a course

12 La politique et l'immigration

émigrer	to emigrate
immigrer	to immigrate
le mouvement migratoire	population shift
le/la réfugié(e)	refugee
le/la demandeur (-euse) d'asile	asylum seeker
prétendre à l'asile	to claim asylum
fuir	to flee from
les conflits armés	armed conflicts
la persécution	persecution
la misère	poverty
les arrivées massives d'exilés	arrival of exiles in huge numbers
le sans-papiers	illegal immigrant
le migrant économique	economic migrant
chercher un avenir meilleur	to seek a better future
le regroupement familial	families being reunited
le pays d'adoption	country of adoption
la terre d'accueil	host country
un engorgement de la demande	a glut of those seeking entry
le groupe ethnique minoritaire	ethnic minority
la répartition inégale sur le territoire	uneven distribution across the country
la zone à forte densité immigrée	area with a high immigrant population
les tensions croissantes	growing tensions
dépasser le seuil d'intolérance	to go beyond acceptable limits
atteindre des proportions critiques	to reach critical proportions
la politique dirigiste	tight policy
la politique libérale	liberal policy
accorder l'asile à	to grant asylum to
le problème de l'intégration	problem of integration

12.1 Solutions politiques à la question de l'immigration
Political solutions to the question of immigration

le multiculturalisme	multiculturalism
un enjeu politique majeur	a major political issue
la classe politique se divise	the political class is divided
avoir des voix dispersées	to have a variety of opinions
avoir des voix unies	to speak with one voice
l'immigration (f) zéro	having no immigration

honorer la tradition d'accueil	to honour the tradition of hospitality
respecter les traités internationaux	to respect international treaties
mettre en place des normes communes	to establish shared criteria
appliquer les mêmes principes	to apply the same principles
le devoir de protection	duty to protect people
le droit d'asile	right of asylum
le droit à la vie familiale	right to family life
les droits de l'enfant	children's rights
le statut juridique	legal status
des critères définis par la loi	criteria defined by law
répondre au besoin de travailleurs dans	to answer the need for workers in
la construction	building
l'agriculture (*f*)	agriculture
les travaux manuels	manual jobs
l'entretien (*m*)	maintenance
la sécurité	security
les hôpitaux	hospitals
le gardiennage	caring services
l'hôtellerie (*f*)	the hotel industry
la restauration	restaurants

vérifier l'identité des migrants	to check the identity of migrants
s'interroger :	to ask oneself:
sur sa capacité d'accueil	how many one can take
sur sa volonté d'accueil	how many one wants to take
sur le problème du logement	about the accommodation problem
sur la capacité des services de santé/d'éducation	what the health service/schools can cope with
sur les besoins du marché du travail	about the needs of the job market
sur les équilibres sociaux	about balances within society
favoriser une élite très qualifiée	to give preference to a well-qualified élite
l'aptitude (*f*) à s'intégrer par le travail	ability to become integrated by working
mettre l'accent sur :	to put emphasis on:
le contrat d'intégration	their obligation to integrate
les cours d'instruction civique	courses in citizenship
la formation linguistique	language training
empêcher le repli identitaire	to prevent people from retreating into their own community
empêcher la ghettoïsation	to prevent the formation of ghettos

adopter une stratégie de répartition	to spread people out across the country
durcir les conditions de regroupement familial	to toughen the conditions for relatives to be admitted
vérifier les liens de filiation	to check the family ties
appliquer des tests d'ADN	to apply DNA testing
ceux qui sont déjà installés, ont-ils :	do those already resident have:
la stabilité de l'emploi ?	a stable job?
un niveau de ressources suffisant ?	adequate means?
un logement de taille suffisante ?	large enough accommodation?
une maitrise de la langue française ?	command of the French language?
une adhésion aux valeurs du pays ?	commitment to the country's values?

maitriser les flux d'entrée	to control the flow of immigrants
limiter l'accès au territoire	to impose immigration controls
durcir l'accès au séjour	to make it harder to get the right to stay
colmater toutes les brèches	to close all the loopholes
calculer des quotas	to set numerical limits
le filtrage rigoureux	strict controls on entry
l'examen (*m*) au cas par cas	examining each case on its merits
démasquer les fraudeurs	to unmask fraudulent applicants
lutter contre les filières clandestines	to combat the people smugglers
pourchasser les clandestins	to root out illegal immigrants
la reconduite à la frontière	expulsion
le repatriement	repatriation

12.2 L'immigration et les partis politiques
Immigration and the political parties

L'ensemble de l'opinion	***Opinions generally shared***
répondre aux inquiétudes des citoyens	to address the people's concerns
accueillir les fugitifs	to take in fugitives
distinguer entre migrants et réfugiés	to distinguish between migrants and refugees
lutter contre l'immigration illégale	to fight against illegal immigration
affirmer l'équilibre des droits et des devoirs	to insist on the balance between rights and obligations
La gauche	***The left***
être à la hauteur de nos traditions	to stand up for our traditions

embrasser	to embrace
la diversité	diversity
le multiculturalisme	multiculturalism
accepter la responsabilité morale	to accept the moral responsibility
s'engager à recevoir des demandeurs d'asile	to commit to accepting asylum seekers
engager un plan d'aide d'ampleur	to launch a major aid plan
débloquer des crédits	to make funds available
verser des prestations sociales	to make welfare payments
proposer des stages de formation	to offer training courses
améliorer	to improve
l'accueil	the way people are taken in
l'intégration	integration
constituer un réseau de villes solidaires	to build a network of supportive towns
multiplier les solutions d'hébergement	to make more housing available
réquisitionner des bâtiments inoccupés	to requisition vacant buildings
favoriser la compréhension des droits	to promote understanding of rights
déplorer la désunion européenne	to deplore the lack of agreement across Europe
favoriser un système de répartition européenne	to favour a system of spreading migrants across Europe

La droite — *The right*

envoyer un signal de dissuasion	to send out signals to dissuade migrants
améliorer les contrôles aux frontières	to improve border controls
être hostile à toute immigration économique	to oppose all economic migration
diminuer l'immigration légale au strict minimum	to reduce legal immigration to the absolute minimum
voter annuellement des quotas	to have an annual vote for quotas
renforcer les frontières de l'UE	to strengthen the borders of the EU
interdire la libre circulation des non-communautaires	to prohibit non-EU nationals from moving freely around Europe
mettre en place une immigration choisie	to establish selective immigration
durcir les conditions du regroupement familial	to toughen the conditions for relatives to be admitted
conditionner le versement des prestations sociales	to impose conditions on social security payments
exiger le respect des valeurs traditionnelles	to demand respect for traditional values

L'extrême droite	*The extreme right*
réduire l'immigration de façon drastique	to reduce immigration drastically
arrêter l'immigration légale et clandestine	to stop legal and illegal immigration
c'est l'origine des maux dont souffre le pays	it is at the root of the country's ills
voler le travail des Français	to steal the jobs of French people
rétablir les frontières nationales	to re-establish the country's borders
sortir de l'espace Schengen	to leave the Schengen area
mettre fin à l'automaticité du regroupement familial	to put an end to the automatic right of relatives to enter
durcir les conditions de naturalisation	to toughen the conditions for naturalisation

12.3 L'engagement politique chez les immigrés

Political involvement among immigrants

la volonté d'engagement	will to be involved
faciliter le processus d'intégration	to make it easier to become integrated
le sentiment d'appartenance	feeling of belonging
faire preuve de sa citoyenneté	to demonstrate one's citizenship
acquérir les droits électoraux	to get voting rights
prendre sa responsabilité au sérieux	to take one's responsibility seriously
avoir le sentiment de compter	to feel that you count
pouvoir	to be able to
influencer les décisions	influence decision-making
faire entendre sa voix	make one's voice heard
être majoritairement à gauche	to be mainly on the political left
être favorable aux politiques sociales :	to favour social policies:
la lutte contre l'inégalité	struggle against inequality
l'aide aux familles pauvres	help for poor families
l'amélioration de l'école	improvements in schooling
participer à	to join in with
l'activisme civique	public-spirited activism
des manifestations	demonstrations
l'engagement (*m*) dans les syndicats	involvement in the trade unions
assister à des débats	to attend discussions
se tenir informé(e) des enjeux	to keep oneself informed about the issues

signer des pétitions	to sign petitions
contribuer à des œuvres caritatives	to contribute to the work of charities

être membre d'un parti politique	to belong to a political party
s'insérer dans les structures politiques	to get into the political system
à l'échelon local/national	at a local/national level
avoir le droit d'être élu(e)	to have the right to be elected
favoriser la diversité des candidats	to promote candidates from diverse backgrounds
un(e) élu(e) issu(e) de l'immigration	an elected representative from an immigrant background
participer aux processus politiques	to participate in political processes
apporter une nouvelle approche aux débats	to bring a fresh approach to debates
le/la porte-parole communautaire	spokesperson for a community
formuler des revendications précises	to express specific demands
défendre	to defend
des intérêts particuliers	particular interests
l'égalité d'accès aux fonctions	equal job opportunities
avoir un fort aspect symbolique	to carry powerful symbolism
faire un bond en avant	to make a leap forward

une participation périphérique	a peripheral involvement
un taux de participation faible	a low level of participation
être sous-représenté(e)	to be under-represented
la sous-représentation des minorités	under-representation of minorities
la non-ressemblance entre électeurs et élus	dissimilarity between voters and those elected
avoir du mal à s'adapter à la culture politique	to have difficulty in adapting to the way politics work
manquer d'opportunités d'engagement	to lack opportunities to become involved
se sentir	to feel
désabusé(e)	disillusioned
désengagé(e)	uninvolved
exclu(e)	excluded
apathique	apathetic
éprouver	to feel
un sentiment d'abandon	abandoned
de la défiance à l'égard des politiques	mistrust of politicians
du cynisme	cynicism

le gouvernement tourne le dos	the government turns its back
le sentiment que rien n'est mis en œuvre	feeling that nothing is put into practice
les quartiers restent sans voix	the poor suburbs still have no voice
la montée des discriminations	increase in (racial) discrimination
une islamophobie durement ressentie	a hard-felt Islamophobia
perdre espoir	to lose hope
opter pour un apolitisme total	to choose to be completely apolitical
alimenter le repli identitaire	to increase the retreat into one's own community

Strategy

This section contains a number of words of which the gender is not obvious. Make a note of such words whenever you are uncertain or get a gender wrong.

A Les mots suivants qui se trouvent dans les listes ci-dessus sont-ils masculins ou féminins ? Vérifiez et notez-les si vous risquez de vous tromper.

1 critère	4 groupe	7 principe	10 système
2 élite	5 hauteur	8 problème	11 voix
3 équilibre	6 loi	9 quota	12 zone

Strategy

Section A34 contains a list of *faux amis*. It is not exhaustive. Always make a note of words which resemble an English word but have a different meaning.

B Cherchez dans cette section la traduction des mots suivants. Traduisez en français les mots anglais auxquels ils ressemblent.

Mot	Traduction en anglais	Faux ami	Traduction en français
prétendre à		to pretend to	
engagement		engagement (to be married)	
pourchasser		to purchase	
parti		party (social occasion)	
assister à		to assist	
défiance		defiance	

Strategy

There is a further collection of nouns in this section which you might not think of if faced with the related infinitive. Add these to your list of such derivations.

C Cherchez dans les listes ci-dessus les substantifs qui correspondent aux verbes suivants :

1 accueillir	4 maitriser	7 approcher	10 espérer
2 répartir	5 examiner	8 bondir	
3 vouloir	6 prouver	9 monter	

Section C

Recherche et présentation

C1 La mode

Fashion

le style	style
la coupe	cut
la couleur	colour
à la mode	in fashion
la marque	brand
la toile	cloth
le mannequin	model
fabriquer	to make
coudre	to sew
la tenue	outfit

la nouveauté ⎫ le dernier cri ⎭	latest thing
la tendance	trend, fashion
c'est très tendance	it's very trendy
branché(e)	trendy, cool
les marques les plus cotées	the most popular brands
le marché de masse	mass market
le marketing	marketing
les consommateurs	consumers
révolutionner	to revolutionalise
l'industrie (*f*)	industry
perdurer	to endure

la silhouette	silhouette
large	loose-fitting
moulant(e)	tight-fitting
volumineux (-euse)	voluminous
asymétrique	asymetric
vaporeux (-euse)	flimsy, floaty, diaphanous
décolleté(e) ⎫ échancré(e) ⎭	low-necked

le décolleté	neckline
élégant(e)	elegant
en cachemire	(made of) cashmere
en soie	(made of) silk
la dentelle	lace
le vêtements de sport	sportswear
bardé(e) de logos	loaded with logos
frivole	frivolous
conservateur (-trice)	conservative
inspiré(e) de…	inspired by…
bousculer les convenances	to shake up what's respectable
le vestiaire	changing room
se vêtir	to dress
s'habiller de façon voyante	to dress ostentatiously
rajouter des accessoires	to add accessories
orner	to decorate, adorn

le corset	corset
le New Look	Dior's New Look
la crinoline	crinoline petticoat
la mousseline	chiffon
la redingote	frock coat
visionnaire	visionary
le classicisme	classicism, conventionality
un gros phénomène	a big phenomenon

les effets (m) néfastes	harmful effects
créer les divisions sociales	to create social divides
afficher un statut social	to show social status
le cout	cost
s'habiller chic coute cher	dressing stylishly is expensive
provoquer un sentiment d'injustice	to provoke a feeling of injustice
l'origine (f) des produits	the origin of products
équitable	fairtrade, ethical
l'exploitation (f)	exploitation
la société de consommation	consumer society
le manque d'identité	lack of identity
s'habiller pour les autres	to dress for others
la superficialité	superficiality
peu pratique	not very practical

les mannequins maigres	skinny models
un culte de la minceur peu réaliste	an unrealistic cult of thinness
faire du 32	to be size 4 (*or* zero *in USA*)
l'anorexie (*f*)	anorexia
la boulimie	bulimia
les troubles (*m*) alimentaires	eating disorders
se priver de nourriture	to go without food
suivre des régimes drastiques	to follow drastic diets
s'affamer	to starve oneself
être en sous-poids	to be underweight
devenir obsessionnel(le)	to become obsessive
la santé mentale	mental health
la campagne publicitaire	advertising campaign
retoucher à l'aérographe	to airbrush
être constamment exposé(e) aux diktats de la mode	to be constantly exposed to the tyranny of fashion
se conformer à cette image	to conform to this image
la pression sociale	social pressure
s'ouvrir à d'autres représentations	to be open to other/different images
les collections grandes tailles	plus-size (fashion) collections
les mannequins plus size	plus-size models
accorder de l'attention à	to pay attention to
les égéries aux courbes généreuses	muses with curves
les égéries musclées	muscular muses
la morphologie	morphology, shape
rond(e)	chubby, plump, curvy

la haute couture	high fashion
les vêtements (*m*) griffés	designer clothes
le marché de luxe	luxury market
l'atelier (*m*)	workshop
la maison Chanel/Dior	the house of Chanel/Dior
le/la créateur (-trice) de mode le/la couturier (-ère)	fashion designer
l'esthète (*m/f*)	aesthete (person who appreciates art and beauty)
les créations (*f*)	creations
le tailleur	tailor
faire (qqch) sur mesure	to tailor (sth)
la pièce	piece
le défilé (de mode)	fashion show

le parfum	perfume
les bijoux (*m*)	jewellery
la maroquinerie	leather goods
le prêt-à-porter	ready-to-wear clothes
la collection	collection
la saison	season
la semaine de mode	fashion week

faire un rapprochement entre ce qu'on porte et ce qu'on est	to make a connection between what we wear and what we are
satisfaire un besoin d'identification	to satisfy the need for an identity
un style qui reflète mes idées/gouts	a style that reflects my ideas/tastes
l'individualité (*f*)	individuality
fortement conditionné par	strongly influenced by
le matraquage publicitaire	advertising hype
le culte du héros	the cult of the idol
s'identifier à une star	to identify with a celebrity
une obsession pour les marques	an obsession with brand names
un moyen d'affirmer	a means of affirming
son rang social	one's social standing
son pouvoir d'achat	one's buying power
sa personnalité	one's personality
suivre les tendances du marché	to follow market trends
la reconnaissance sociale	recognition by society
le désir de	desire to
se sentir intégré(e)	feel integrated
se fondre dans le groupe	blend in with the group
le code d'appartenance au groupe	code of group membership
se conformer	to conform to, to comply with
le facteur d'intégration au sein d'un groupe	issue of being accepted by a group
le clan	clan, group, tribe
la peur d'être exclu(e)	fear of being excluded
se sentir rejeté(e)	to feel rejected
se démarquer des adultes	to differentiate oneself from adults
affirmer ses différences par rapport aux autres	to assert the differences between oneself and others
la décontraction	relaxation, laid-back attitude
la recherche d'une esthétique	looking for a certain aesthetic

le tir à l'arc	archery
l'athlétisme (*m*)	athletics
le badminton	badminton
le basket	basketball
la boxe	boxing
le canoë-kayak	canoeing
le cyclisme	cycling
la danse	dancing
la plongée	underwater diving
la plongée sous-marine	scuba diving
le plongeon	diving from a board
l'escrime (*f*)	fencing
le football	football
le golf	golf
la gymnastique	gymnastics
le handball	handball
le judo	judo
le saut en hauteur	high jump
la randonnée pédestre	hiking
l'équitation (*f*)	horse riding
le karaté	karate
le saut en longueur	long jump
les arts martiaux	martial arts
les sports de raquettes	racket sports
le roller	roller blading, roller skating
l'aviron (*m*)	rowing
le rugby à 15	rugby union
la course à pied	running
la voile	sailing
le tir	shooting
le patin à glace	skating
le ski	skiing
le squash	squash
la natation	swimming
le tennis	tennis
le tennis de table	table tennis
le ski nautique	water skiing
l'haltérophilie (*f*)	weight lifting

la planche à voile	windsurfing
les sports d'hiver	winter sports

Qui et où
Who and where

le/la licencié(e)	club member
le/la manager (-euse)	manager
l'entraineur (-euse)	trainer
l'adversaire (*m/f*)	opponent
l'arbitre (*m/f*)	referee
l'offre sportive	sports which are available
les installations sportives de proximité	local sports facilities
la fédération sportive	sports association
le club de remise en forme	health/fitness centre
le matériel	equipment
le gymnase la salle de fitness	gym
le stade	stadium
la piscine	swimming pool

La pratique du sport
Sporting activity

pratiquer un sport	to practise a sport
participer à	to take part in
se remettre en forme	to get back into shape
entretenir sa forme	to keep fit
s'entrainer	to train
la séance d'entrainement	work-out
les techniques (*f*) d'entrainement	training techniques
la formation technique	technical training
la formation intensive	intensive training
la musculation	weight training
bruler des calories	to burn off calories
l'effet (*m*) bénéfique pour la santé	beneficial effect on health
la recherche du bien-être de l'équilibre personnel	looking to feel good well balanced
l'épanouissement (*m*) de la personnalité	blossoming of the personality
réduire le stress	to reduce stress
se défouler	to let off steam
augmenter la capacité de travail	to increase capacity for work

Le sport

concourir	to compete
disputer un match	to play a match
s'y adonner selon ses possibilités	to give it what one can
fournir le meilleur de soi-même	to give of one's best
le dépassement de soi	surpassing oneself
dépasser les autres	to outperform the others
le résultat	result
gagner une médaille	to win a medal
gagner un trophée	to win a trophy
l'esprit (*m*) d'équipe	team spirit
la dynamique du groupe	group dynamic
se faire de nouveaux amis	to make new friends
renforcer le sentiment d'appartenance	to reinforce a sense of belonging
de la cohésion par le soutien	of cohension through support
le sentiment de faire corps avec le groupe	feeling of being at one with the group
contribuer à la cohésion sociale	to contribute to social cohesion

L'Olympisme	***Olympic ideal***
la morale sportive	ethics of sport
respecter les valeurs olympiques	to respect the Olympic values
partager un objectif	to share a objective
tisser des liens entre les gens	to bring people together
le respect de l'autre	respect for others
le respect des règles	respect for the rules
l'équipe (nationale)	(national) team
l'esprit (*m*) d'équipe	team spirit
le fair-play	fair play
l'exemplarité (*f*) du sportif de haut niveau	good example set by a high-level contestant
l'honneur (*m*) de représenter son pays	honour of representing one's country
le classement mondial	world ranking
battre le record (du monde)	to beat the (world) record
le championnat (du monde)	(world) championship
devenir un volontaire olympique	to become a volunteer at the Olympics
des personnes venues de tous les horizons	people from all over the place
assurer le bon fonctionnement des jeux	to ensure the smooth running of the games

avoir des domaines d'expertise très variés	to have a great variety of expertise
mettre ses compétences au service des jeux	to use one's abilities to help the games
concentrer l'énergie au service des autres	to focus energy on helping others

Le dopage / *Drug taking*

se donner tous les moyens pour gagner	to give oneself any means of winning
avoir recours à…	to resort to…
améliorer le rendement de l'organisme	to improve the body's efficiency
le culte de la performance	cult of performance
la pression des sponsors	pressure from the sponsors
l'exigence (f) de résultats	demand for results
la réussite à tout prix	success at all costs
se doper	to take drugs
les substances interdites	banned substances
l'absorption (f) de plus en plus massive de…	the ever-increasing consumption of…
les produits masquants	products which conceal drug use
indécelable	undetectable
l'effet n'est qu'à court terme	the effect is only short term
la politique de contrôle antidopage	policy of testing for drugs
effectuer des contrôles obligatoires	to carry out compulsory tests
échouer un test de dépistage	to fail a drugs test
duper les spectateurs	to fool the spectators
être pris(e) sur le fait	to be caught in the act
invalider une performance	to disqualify a performance
la suspension	suspension

Le sport et l'argent / *Sport and money*

la course au profit	chasing after profit
les droits (m) de diffusion	broadcasting rights
le parrainage (d'entreprise)	(corporate) sponsorship
la compagnie commanditaire	sponsoring company
le contrat de sponsoring	sponsorship contract
l'athlète (m/f) commandité(e)	sponsored athlete
des intérêts commerciaux colossaux	colossal commercial interests
la promotion commerciale	promotion of products

le placement de produits	product placement
retirer des avantages publicitaires	to benefit from advertising
l'avidité (*f*)	greed
des salaires (*m*) hors du commun	extraordinary salaries
des salaires déraisonnables	salaries beyond reason
l'indemnité (*f*) de transfert	transfer fee
des chiffres exorbitants	staggering figures
la surenchère	outbidding
la corruption	corruption
les paris sportifs	gambling on results
porter préjudice à l'essence de l'esprit sportif	to undermine the essence of the sporting spirit

Le sport pour les femmes — ***Sport for women***

promouvoir l'égalité des sexes	to promote sexual equality
le plan de féminisation	plan to involve women more
corriger les inégalités d'accès	to correct the inequality of access
pouvoir pratiquer le sport de son choix	to be able to choose one's sporting activity
lutter contre les stéréotypes	to fight against stereotyping
prévenir les conduites sexistes	to prevent sexist behaviour
mutualiser les expériences	to share experiences fairly
améliorer l'encadrement technique	to improve technical coaching
promouvoir la diffusion des épreuves sportives féminines	to promote the broadcasting of women's sporting events
pratiquer l'égalité des prix	to have equal prize money
l'accès (*m*) des femmes à l'arbitrage	the chance for women to be referees

Le sport pour les handicapés — ***Sport for the disabled***

avoir un handicap moteur	to be physically disabled
avoir un handicap psychique	to be mentally disabled
avoir un handicap visuel	to have a visual impairment
avoir un handicap auditif	to have a hearing impairment
la thérapie par le sport	therapy through sport
permettre à chacun de jouer son role	to allow each person to play his/her part
aider qqn à reprendre gout à la vie	to help sb to enjoy life again
aménager les installations	to adapt the facilities
adapter	to adapt
les règles	the rules
les systèmes de notation	the scoring systems
les jeux paralympiques	paralympic games

montrer la capacité de réaliser des exploits	to show the capacity for remarkable achievements
modifier la perception des handicapés	to change people's perception of the handicapped
placer le handicap en perspective	to put disability into perspective
des histoires qui forcent l'admiration	stories which stimulate admiration
souffrir d'un déficit de notoriété	to suffer from being low profile
améliorer l'exposition médiatique	to improve media coverage
les images	images
servent d'exemple	set an example
servent de motivation	provide motivation

Useful website

You will find other useful vocabulary on the topic of *Le sport* on the following website:

www.sports.gouv.fr

C3 L'écologie et l'environnement

Ecology and environment

le carburant	fuel
le charbon	coal
l'essence (*f*)	petrol
le fioul	heating oil
le gasoil	diesel fuel
le gaz	gas
le pétrole (brut)	(crude) oil
la fracturation hydraulique	fracking
l'énergie (*f*) renouvelable	renewable energy
les énergies nouvelles	new sources of energy
la ressource naturelle	natural resource
l'énergie éolienne	wind power
l'énergie hydraulique	water power
l'énergie marémotrice	tidal power
l'énergie nucléaire	nuclear energy
l'énergie solaire	solar power
l'énergie des vagues	wave power
l'énergie issue de la biomasse	energy from the biomass

Les besoins énergétiques	***Energy needs***
la réserve d'énergie	energy supply
la consommation	consumption
assurer l'approvisionnement du monde	to ensure that the world is supplied
les ressources existantes	existing resources
la production énergétique	energy production
l'épuisement progressif	progressive depletion
une hausse globale	a worldwide increase
l'augmentation (*f*) des besoins	increase in needs
l'envolée (*f*) de la demande	sharp rise in demand
la croissance économique	economic growth
la croissance démographique	population growth
l'accroissement (*m*) des activités industrielles	increase in industrial activity
l'industrialisation accélérée	rapid industrialisation
l'efficacité (*f*) énergétique	energy efficiency
la fiabilité	reliability
la compétitivité	competitiveness
économiser les ressources naturelles	to save natural resources

Les combustibles fossiles	**Fossil fuels**
le gisement	deposit (oil, gas)
l'extraction (*f*) des énergies fossiles	extraction of fossil fuels
la plateforme pétrolière	oil rig
le forage pétrolier	drilling for oil
le pétrolier	oil tanker
l'oléoduc (*m*) } le pipeline	oil pipeline
le baril de brut	barrel of crude oil
la raffinerie de pétrole	oil refinery
la répartition géographique des stocks	geographical distribution of stocks
la décroissance des réserves	decrease in reserves
engendrer des problèmes environnementaux	to cause environmental problems
L'énergie nucléaire	***Nuclear energy***
le réacteur	reactor
la centrale nucléaire	nuclear power station
la sureté	safety
les risques environnementaux	environmental risks

susciter des craintes	to arouse fears
la défaillance	breakdown
la fuite	leak
le risque terroriste	risk of terrorist attack
le risque sismique	risk of earthquake
le traitement des déchets	treatment of waste
les transports à haut risque	high-risk transportation
le stockage	storage
le centre d'enfouissement	centre where waste is buried
l'accident mortel	fatal accident
l'irradiation (f)	exposure to radiation
la contamination (durable)	(lasting) contamination
rendre inhabitable	to make uninhabitable
l'apocalypse (f) nucléaire	nuclear holocaust
la production performante	efficient production
respecteueux (-euse) de l'environnement	respectful of the environment

L'énergie renouvelable — *Renewable energy*

la géothermie	heat from the earth
le barrage hydroélectrique	hydroelectric dam
la houille blanche	hydroelectric power, hydroelectricity
le panneau solaire	solar panel
inépuisable	inexhaustible
non-polluant(e)	non-polluting
disponible en quantité illimitée	available in unlimited quantities
l'utilisation (f) à grande échelle	large-scale use
répondre à un enjeu environnemental	to address an environmental issue
n'entrainer aucun rejet	to involve no emissions
la propreté	cleanliness
dépendre des facteurs climatiques	to be dependent on climatic factors
difficile à prévoir	unpredictable
une production aléatoire	an uncertain production
les effets (m) sur le paysage	impact on the countryside

La pollution — *Pollution*

les polluants (m)	pollutants
jetable	disposable
toxique	poisonous
la centrale thermique	power station

L'écologie et l'environnement

les décharges industrielles	industrial waste
les émissions (f) de gaz carbonique	carbon gas emissions
les gaz d'échappement	exhaust fumes
le dioxyde de carbone	carbon dioxide
l'empreinte carbone	carbon footprint
les métaux lourds	heavy metals
les ordures ménagères	household waste
les eaux usées	sewage
les déchets urbains	rubbish from towns
les déchets industriels	industrial waste
le gaz à effet de serre	greenhouse gas
le système réfrigérant	refrigeration system
les chlorofluocarbones/CFC	CFC gases
l'agriculture à grand renfort d'engrais chimiques	agriculture that relies heavily on chemical fertilisers
le pesticide	pesticide
se déverser dans la mer	to flow into the sea
la vidange des pétroliers	draining of oil tankers
la marée noire	oil spill/slick

Les retombées	*The consequences*
contaminer	to contaminate
les dégâts (mpl)	damage
les effets (m) néfastes	harmful effects
la nocivité de qqch	harmful nature of something
déclencher des problèmes de santé	to cause health issues
les malformations génétiques	genetic disorders
stériliser le sol	to make the earth sterile
une menace d'ampleur	a significant threat
avoir un effet dévastateur	to have a devastating effect
l'hécatombe (f)	mass destruction
le seuil catastrophe	disaster level
malodorant(e)	smelly
toxique	poisonous
la pollution atmosphérique	air pollution
l'air (m) irrespirable	unbreathable air
la dégradation	degradation
de l'eau	of water
des sols	of soil
dégrader le milieu naturel	to damage the natural environment

enlaidir la nature	to ruin the landscape
la chaine alimentaire	food chain
l'effet (*m*) de serre	greenhouse effect
provoquer des perturbations écologiques	to disrupt ecological systems
arriver au seuil de saturation	to reach saturation point
dépasser le seuil	to go beyond the limit
les pluies (*f*) acides	acid rain
le dépérissement des forêts	dying-off of forests
puiser dans le patrimoine	to use up our heritage
brader le patrimoine naturel	to sell our natural heritage down the river

Les changements climatiques	***Climate change***
le réchauffement de la planète	global warming
la hausse généralisée de la température	general rise in temperature
le trou dans la couche d'ozone	hole in the ozone layer
la sécheresse	drought
la canicule	heat wave
la nappe phréatique	water table
la désertification	desertification
la banquise	sea ice
la fonte des calottes polaires	melting of polar ice caps
faire monter le niveau des océans	to cause a rise in the sea level
l'ouragan (*m*)	hurricane
la tornade	tornado
la trombe	whirlwind
les pluies diluviennes	torrential rainfall
l'inondation (*f*)	flood
la crue subite	flash flood
le raz-de-marée	tidal wave
rayer de la carte	to wipe off the map
les sciences du climat	climate science
le consensus scientifique	consensus among scientists
les désaccords (*m*)	disagreements
être porté(e) par une idéologie environnementaliste	to be motivated by environmentalist ideology
la culture du déni	culture of denial
les intérêts (*m*) politiques	political interests

Les espèces en voie de disparition	*Endangered species*
la biodiversité	biodiversity
l'espèce animale	animal species
l'espèce végétale	plant species
épuiser	to deplete
la zone de reproduction	breeding ground
l'habitat naturel	natural habitat
le défrichement/défrichage	clearance of land
la mise en culture de terres défrichées	new use of cleared land for cultivation
l'abattement (*m*) des arbres	logging
le déboisement ⎫ la déforestation ⎭	deforestation
l'érosion (*f*) du sol	soil erosion
la forêt tropicale humide	tropical rain forest
partir en fumée	to go up in smoke
l'implantation (*f*) d'industries	setting-up of industrial sites
la pression démographique	pressure from population increase
la chasse (au gros gibier)	(big-game) hunting
les trafics	poaching for profit
la surpêche industrielle	industrial over-fishing
l'urbanisation (*f*) des côtes	coastal urban development
déstabiliser	to destabilise
perturber l'écosystème	to disrupt the ecosystem
bouleverser l'équilibre écologique	to upset the ecological balance
se raréfier	to become scarce
être menacé(e) d'extinction	to be threatened with extinction
Les mouvements écologiques	*Ecological campaigns*
l'écologiste (*m/f*)	environmentalist
les Amis de la Terre	Friends of the Earth
la défense de l'environnement	nature conservation
des mesures de sensibilisation	measures to arouse awareness
limiter les dégâts	to contain the damage
améliorer	to improve
les attitudes envers	attitudes towards
les comportements	ways of behaving
parer aux changements climatiques	to deal with climate change
une meilleure gestion des ressources	a better management of resources
améliorer le taux de recyclage	to improve levels of recycling

l'agriculture (*f*) biologique	organic farming
la conservation d'énergie	energy conservation
l'efficacité (*f*) énergétique	energy efficiency
l'appareil (*m*) à haut rendement énergétique	energy-efficient equipment
privilégier les énergies non-polluantes	to favour non-polluting forms of energy
les matériaux (*m*) biodégradables	biodegradable substances
l'épuration (*f*) des eaux usées	sewage treatment
contrôler les rejets polluants	to control waste which causes pollution
protéger les réserves d'eau douce	to protect stocks of drinking water
le reboisement	replanting of trees
préserver la biodiversité	to preserve biodiversity
sauvegarder l'équilibre écologique	to preserve the ecological balance

---

Useful websites

You will find other useful vocabulary on the topic of *L'écologie et l'environnement* on the following websites:

www.explorateurs-energie.com

www.notre-planete.info/environnement
